A Arte de Ter Razão

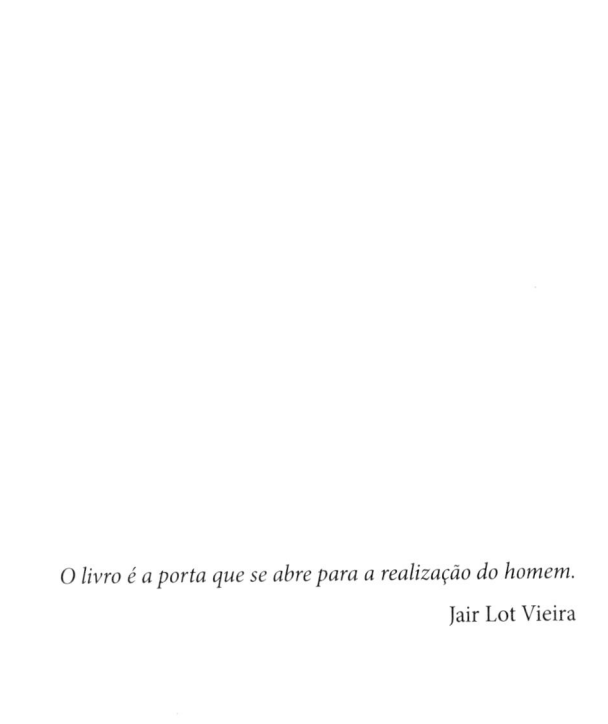

O livro é a porta que se abre para a realização do homem.

Jair Lot Vieira

SCHOPENHAUER

A Arte de Ter Razão

Tradução
ÉRICA GONÇALVES DE CASTRO
Tradutora, ensaísta e pesquisadora.
Doutora em Língua e Literatura Alemã pela USP
e Pós-doutora em Filosofia pela mesma Universidade.

GUILHERME IGNÁCIO DA SILVA
Professor de Língua e Literatura Francesa no curso de Letras da Unifesp,
formado em Letras (Francês/Português/Alemão)
e em Filosofia pela USP.
Pós-doutor pelo IEL/Unicamp.

Apresentação
GUILHERME MARCONI GERMER
Doutor em Filosofia Alemã e Austríaca pela Universidade Estadual de Campinas
e Pós-doutorando em Filosofia Moderna pela Universidade de São Paulo.

Copyright da tradução e desta edição © 2019 by Edipro Edições Profissionais Ltda.

Título original: *Die Kunst, Recht zu behalten*. Traduzido do alemão a partir da edição publicada pela Nikol em 2015.

Todos os direitos reservados. Nenhuma parte deste livro poderá ser reproduzida ou transmitida de qualquer forma ou por quaisquer meios, eletrônicos ou mecânicos, incluindo fotocópia, gravação ou qualquer sistema de armazenamento e recuperação de informações, sem permissão por escrito do editor.

Grafia conforme o novo Acordo Ortográfico da Língua Portuguesa.

1ª edição, 3ª reimpressão 2025.

Editores: Jair Lot Vieira e Maíra Lot Vieira Micales
Coordenação editorial: Fernanda Godoy Tarcinalli
Tradução: Érica Gonçalves de Castro e Guilherme Ignácio da Silva
Revisão: Ângela Moraes e Brendha Rodrigues Barreto
Diagramação e capa: Ana Laura Padovan e Karine Moreto de Almeida

---

Dados Internacionais de Catalogação na Publicação (CIP)
(Câmara Brasileira do Livro, SP, Brasil)

Schopenhauer, Arthur, 1788-1860.
   A arte de ter razão / Schopenhauer ; tradução Érica Gonçalves de Castro, Guilherme Ignácio da Silva. – São Paulo : Edipro, 2019.

   Título original: Die Kunst, Recht zu behalten.
   ISBN 978-85-521-0041-6 (impresso)
   ISBN 978-85-521-0118-5 (e-pub)

   1. Filosofia alemã I. Título.

18-19500   CDD-193

Índice para catálogo sistemático:
1. Filosofia alemã : 193

São Paulo: (11) 3107-7050 • Bauru: (14) 3234-4121
www.edipro.com.br • edipro@edipro.com.br
@editoraedipro   @editoraedipro

SUMÁRIO

Apresentação: 7
Schopenhauer, a filosofia e *A arte de ter razão*

A ARTE DE TER RAZÃO   31

Dialética erística   33

A base de toda dialética   44

ESTRATAGEMAS   47

FRAGMENTOS   89

APRESENTAÇÃO:
Schopenhauer, a filosofia e *A arte de ter razão*

A vida de Schopenhauer

Arthur Schopenhauer nasceu em 22 de fevereiro de 1788, em Danzig, e faleceu em 21 de setembro de 1860, em Frankfurt am Main. Seu pai, Heinrich F. Schopenhauer, e sua mãe, Johanna Schopenhauer, ambos de descendência holandesa, tiveram uma grande influência sobre a personalidade dele: Heinrich foi um rico e orgulhoso comerciante, que desposou Johanna aos 40 anos de idade, que, então, somava apenas 20 anos. A maioria dos biógrafos acredita que o casamento ocorreu mais por determinação paterna do que por amor, e não foi feliz. Algo, porém, é certo: Johanna foi uma mulher com muita sede de cultura, e estava à frente de seu tempo em muitos aspectos. Falava quatro idiomas: francês, inglês, alemão e italiano; tocava harpa, cantava, escrevia poesias e peças de teatro e atuava como atriz. Ao perceber o talento da esposa, Heinrich o abafou mais do que o alimentou: comprou uma chácara de difícil acesso, e afastada do centro de Danzig, e lá a manteve, cuidada por criados, visitando-a nos fins de semana em que não viajava a trabalho. Nesse contexto nasceram Arthur e, oito anos depois, Adele, sua única irmã. O nome Arthur lhe foi dado porque soava igual em alemão, francês e inglês. Décadas mais tarde, Schopenhauer elaboraria uma teoria segundo a qual o filho herdaria o caráter do pai e a inteligência da mãe. Em seu caso, foi isso o que provavelmente aconteceu:

o gosto pela cultura, pela arte e pela literatura foi recebido de Johanna, e a seriedade, a disciplina e a melancolia foram heranças paternas.

Em 1793, a cidade de Danzig foi anexada ao reino da Prússia, e a família Schopenhauer se mudou para a Cidade Livre de Hamburgo. Após perceber o gosto especial pelos estudos do filho, Heinrich lhe fez uma proposta irrecusável: permitir-lhe-ia uma juventude tipicamente cosmopolita, em que viajaria pelos países mais importantes da Europa, e viveria em alguns deles. Depois disso, Arthur usaria o poliglotismo aprendido na lucrativa atividade comercial da família. O jovem sonhador não conseguiu recusar a proposta e, então, viajou com a família pelo interior da Alemanha, pela Inglaterra, França e Suíça. Entre 1797 e 1799, viveu em Havre, na França, e, alguns anos depois, foi internado em uma escola clerical em Wimbledon, na Inglaterra. Conta-se que depois de dois anos de vida francesa, ao retornar a Hamburgo, sua familiaridade com o francês era tanta que ele não se lembrava de como falar alemão. Décadas mais tarde, Schopenhauer (1819 [1912], p. 669) escreveria que a França é a "nação da Europa mais amante da vida, mais alegre, mais sensual e frívola".

Na Inglaterra, sua experiência foi um pouco mais áspera. Afinal, eram tempos de Revolução Francesa, o que fez com que a educação clerical inglesa se tornasse ainda mais repreensiva do que o normal. Décadas mais tarde, Schopenhauer criaria uma filosofia que, segundo Nietzsche, seria o primeiro ateísmo filosófico rigoroso da Alemanha, na qual o fanatismo das religiões receberia críticas de todos os ângulos. Sobre a religiosidade, especificamente inglesa, Schopenhauer (1844 [1913], p. 650) lamentou, em suas obras, o fato de esse país ser "desonrado pelo bigotismo estúpido e, sobretudo, desprezível", imposto pelos "padrecos imponentes, repressores e insolentes" ali dominantes. Apesar disso, Schopenhauer desenvolveu uma intimidade significativa com a cultura e a língua inglesas, que manteria pelo resto da vida. Já idoso e vivendo em Frankfurt, conta-se que costumava frequentar um hotel inglês, onde jantava e conversava com os hóspedes, de preferência, em inglês. Quando era confundido com um *englishman*, recebia o engano como um elogio, pois via a Inglaterra como uma "nobre nação, inteligente em sumo grau" (SCHOPENHAUER, 1995, p. 237); embora também abrigasse o povo "mais melancólico da Europa" (SCHOPENHAUER, 1819 [1912], p. 477).

Em 1805, aos 17 anos, Schopenhauer retornou de suas viagens e iniciou, em Hamburgo, sua curta carreira de comerciante. Tudo indica que ele teria sido um capitalista bem sucedido. Afinal, pelo resto da vida, sempre mostrou ter uma boa organização com o trato com o dinheiro: nunca se endividou, tinha cadernos com contas anotadas com rigor, e, em um episódio em que seu investidor lhe alegou falência, e lhe propôs um acordo de renúncia à parte da herança, não o assinaria, como fizeram sua mãe e irmã, e assim não perdeu parte de seu capital, no que resultaria ser uma trapaça. No ano de 1805, porém, algo desconcertante aconteceu e mudou o rumo de sua vida: seu querido pai, Heinrich, foi encontrado morto, boiando misteriosamente nos canais de Hamburgo. O motivo da morte nunca foi esclarecido: suspeita-se de suicídio ou assassinato. Aos 60 anos de idade, Schopenhauer dedicaria sua obra filosófica à memória do pai, como símbolo do amor e gratidão sentido por ele.

Em 1806, Johanna, Arthur e Adele se mudaram para Weimar, que se encontrava no auge de sua efervescência romântica. Passaram a frequentar o castelo de Johann W. Goethe, que era um dos centros de atividades culturais da cidade. Diz-se que, um dia, alguém indiscreto apontou a um jovem solitário, abandonado em um canto da sala, e perguntou: "Ele está vivo?". Com sua habitual cortesia, Goethe repreendeu a pergunta e respondeu: "Não ria desse jovem, ele um dia eclipsará todos nós". Esse jovem era Schopenhauer, que, com a permissão de Johanna, encerrou sua carreira de comerciante e ingressou em um ginásio em Gotha, nas mediações de Weimar. Uma sátira, porém, realizada contra seus professores o levaram à expulsão desse ginásio, depois do que passou a receber estudos clássicos privados. Ao cabo de dois anos, tinha desenvolvido um conhecimento e uma paixão tão grandes pela leitura em grego e latim que já impressionava as cabeças mais eminentes ao seu redor.

A amizade desenvolvida com Goethe, nessa época, foi fundamental em seu desenvolvimento. O maior nome da literatura alemã se aproximava dos 60 anos, e logo percebeu o talento do ávido leitor de grego. E assim como faria, posteriormente, com o compositor Mendelssohn, estendeu-lhe o braço amigo. Arthur, então, passou a frequentar a biblioteca de Goethe com assiduidade, e ambos passavam tardes inteiras em conversações. Por intermédio do poeta, Arthur também conheceu o orientalista Friedrich Majer, que o introduziu nos estudos sobre o pensamento indiano. As informações sobre o hinduísmo estavam apenas chegando à Alemanha, nessa época, e Schopenhauer se aprofundou na novidade com tamanho empenho que registraria, em sua obra, anos mais tarde, que os *Vedas* e *Puranas,* junto a Platão e Kant, definiam o tripé sobre o qual se assenta sua filosofia.

A relação de Arthur com a mãe, Johanna, nunca foi pacífica. Suas cartas atestam que ambos tinham uma enorme dificuldade de conviver sem se destruírem. Johanna pedia para o filho se manter longe dela, o que já não ocorria com sua irmã, Adele, a quem Johanna sempre tinha por perto. Na seguinte carta a Arthur, lemos as ríspidas palavras da mãe ausente, pedindo trégua ao filho, que a desesperava:

> Não subestimo seus pontos positivos (...). E tampouco culpo seu coração pelo que me repele em você (...). Contudo, suas ideias, juízos e hábitos (...). Seu frequente mau-humor, reclamações de coisas inevitáveis, olhares sombrios. As opiniões extraordinárias que pronuncias, como um oráculo, que ninguém procurará contradizer. Tudo isso me deprime e atormenta, e eu não posso ajudá-lo. Suas eternas tergiversações, seus lamentos sobre a estupidez do mundo e a miséria humana me rendem péssimas noites e sonhos deploráveis. (SCHOPENHAUER apud HUBBARD, 2017, l. 43982)

Schopenhauer, por sua vez, vingava-se da mãe com anotações como a seguinte: "Nunca fui uma criança bem-vinda, nasci de uma mãe rebelde – ela nunca me quis, e eu retribuo o sentimento" (SCHOPENHAUER apud HUBBARD, 2017, l. 43935). Na contracorrente do machismo da época, Johanna se tornou uma famosa escritora de novelas, de modo que Arthur, cuja distinção tardou a chegar, foi reconhecido por quase toda a vida como o filho da Schopenhauer. Em certa ocasião em que Johanna se mangou dos títulos carregados e da pouca venda dos livros do filho, este lhe profetizou que um dia ela seria conhecida como a mãe do Schopenhauer. De fato, a profecia se cumpriu. Seja pela rivalidade, pela incompatibilidade entre ambos os gênios, ou quaisquer outros motivos, fato é que Johanna e Arthur cultivaram, por toda a vida, uma distância que, certamente, pasmaria ao gosto latino.

Em 1809, Schopenhauer ingressou no curso de medicina da Universidade de Göttingen, e, um ano depois, transferiu-se para a faculdade de filosofia da mesma universidade. Na nova disciplina, teve aulas com Gottlob E. Schulze, que também entrou para a história com a elaboração de *Enesidemo* (1792). Entre 1811 e 1813, transferiu-se à Universidade de Berlim, onde teve aulas com Johann G. Fichte e Friedrich Schleiermacher, por quem não desenvolveu a mesma admiração que pelo primeiro professor. Em 1813, e com a idade de 25 anos, defendeu sua tese de doutorado, intitulada *Da quadrúplice da raiz do princípio de razão suficiente*, na Universidade de Jena. Em 1818, concluiu sua obra magna, *O mundo como vontade e representação*. No intervalo de ambos os clássicos, publicou *Sobre a visão e as cores* (1816), nascido das conversas com Goethe, que anos antes tinha dado à luz sua *Teoria das cores* (1810). As críticas apresentadas por Schopenhauer em seu texto a Goethe, porém, levaria a ambos os amigos se distanciarem. Porém, Schopenhauer jamais escondeu a grande admiração sentida por Goethe, a quem citou inúmeras vezes em sua obra, e de quem elegeu *Os anos de aprendizado de Wilhelm Meister* (1796) como um dos melhores livros da literatura mundial.

Após enviar sua grande obra à publicação, Schopenhauer realizou uma prazenteira viagem à Itália, entre 1818 e 1819. Seu primeiro ponto de chegada foi Veneza, onde pisou com uma carta de apresentação escrita por Goethe ao Lord Byron, que ali residia. O encontro, porém, nunca aconteceu. Mas Schopenhauer desfrutou, como revela seu diário de viagem, da contemplação artística da cidade lagunar, da Accademia di Venezia e do Palazzo Grimani. Depois de Veneza, passeou por Bologna e Florença, e repousou em Roma, por quatro meses. Perambulou pela Campania (Napoli, Pompeia etc.), por um mês, e retornou pelo mesmo caminho a Dresden, preocupado com o nascimento imprevisto de uma filha, que faleceria em poucos meses; e com problemas relacionados à sua herança. Entre 1822 e 1823, Schopenhauer voltaria à Itália ainda uma segunda vez, onde permaneceria metade do tempo em Florença. Em uma entusiasmada carta ao amigo Osan, escreveria que sua segunda exploração desse país "estava ainda mais aprazível do que a primeira: com que júbilo saúdo cada peculiaridade italiana" (VERRECCHIA, 2006, p. 116).

A relação de Schopenhauer com a Itália rendeu tema para muitos estudos. Segundo o filósofo: "Com a Itália se vive como com uma amante, hoje com grande cólera, amanhã, em adoração" (VERRECCHIA, 2006, p. 114). Esse país, para o pessimista, consiste na "nação mais bem dotada do senso de beleza" (SCHOPENHAUER, 1844 [1913], p. 541), na qual não apenas se aprende sobre arte como em nenhuma outra terra, como que "tudo o que vem da natureza, o céu, a terra, as plantas e árvores, os animais, os traços humanos (...) é, verdadeiramente, como deve ser" (VERRECCHIA, 2006, p. 114). A intensidade da fruição estética na Itália quase chega ao ponto de "nos fazer esquecer da indignação" (VERRECCHIA, 2006, p. 113) com a perfídia, a impudência e a presunção humana, que também nessas bandas se apresentam em grau superlativo. Apesar dessas últimas palavras, por longo tempo Schopenhauer considerou se estabelecer definitivamente na Itália; e, três dias antes de falecer, pediu, em uma carta a Gwinner, pelas últimas notícias desse país, expressando seu apoio à unificação italiana e preocupação de que ela solapasse com sua diversidade regional, à qual "se encontrava ligada, talvez inconscientemente, boa parte da Europa culta" (SCHOPENHAUER, 1995, p. 237).

Entre as duas viagens à Itália, e logo após a segunda, Schopenhauer deu um conjunto de aulas sobre a própria doutrina na Universidade de Berlim. Após sua morte, as anotações desses cursos seriam publicadas, de modo que podemos nos assegurar de que o professor Schopenhauer foi ainda mais dedicado do que o já claro escritor, no concernente à didática da apresentação de seu pensamento. A aversão desse autor ao que nomeou de "filosofia universitária", porém, isto é, à forma dominante do ensinamento filosófico em seu tempo, marcado pela subordinação da mesma a interesses políticos, eclesiásticos e, inclusive, pessoais dos professores, levaram-no a encerrar a breve carreira docente em 1825. Algum tempo depois, chegou a receber outros convites de outras universidades para reativá-la, mas ele os recusou com o argumento de que preferia escrever para muitos a ensinar para poucos.

Entre 1825 e 1831, Schopenhauer viveu, em Berlim, o período mais lúgubre de sua vida: não publicou nada de novo, teve suas propostas de tradução de Kant para o inglês, e de Baltasar Gracián, do espanhol para o alemão, recusadas por editoras, e amargou a desproporção crescente entre a popularidade de Hegel, que beirava o modismo, e o completo descaso com sua filosofia. *A arte de ter razão* (1830) foi escrita no final desse período. Do ponto de vista biográfico, ela pode ser vista, portanto, como uma espécie de sublimação da angústia sofrida por Schopenhauer com o fato de as pessoas reconhecerem um discurso muito menos com base em critérios de verdade e originalidade, e muito mais a partir da opinião geral da maioria, em uma inércia marcada pela mediocridade, obstinação e arrogância. A oposição filosófica de Schopenhauer, especificamente contra Hegel, se funda em suas críticas de que o otimismo e o racionalismo do último são meras maquiagens do antigo teísmo, que pretende separar o homem dos demais animais, por meio de certo culto da razão, que revoga a idealidade *a priori* do mundo provada por Kant, e delira ao apostar em uma teleologia histórica, que conduziria todos os acontecimentos do universo à "maravilhosa" situação política da Alemanha de seus tempos. Conforme Schopenhauer (1844 [1913], p. 564), a história não traz nada de novo além da mesma dor, carência e discórdia de todos os tempos, de modo que seus eventos são importantes "somente na medida em que são letras a partir das quais se pode ler a Ideia do homem, e não por e em si mesmos".

Em *A arte de ter razão*, alguns dos sofismas discutidos se referem explicitamente a Hegel, e nos ajudam a compreender melhor a polêmica de Schopenhauer contra o antecessor. Na estratégia 36, por exemplo, Schopenhauer afirma que, para vencer um debate sem precisar ter a razão, é muito útil: "Atordoar e surpreender o oponente com uma verbosidade sem sentido. O que se baseia no fato de que 'Os homens, quando estão a ouvir frases de estilo / Pensam que deve haver o que pensar naquilo'". No estratagema 30, Schopenhauer retorna ao adversário, ao admitir que: "*Unusquisque mavult credere quam judicare* [Cada um prefere crer a julgar, como] diz Sêneca (*De vita beata*, I, 4)". Em outras palavras, sua denúncia é que não há uma opinião sólida e plenamente confiável da parte da maioria, mas uma lamentável inércia da última que, ao invés de examinar as razões sobre as quais se assentam os discursos, prefere crer que um pequeno grupo, por exemplo, de professores de filosofia realizou esse exame pelo bem comum, e agora merece aceitação e aplauso por tudo o que diz. Se Schopenhauer fundamenta, portanto, sua crítica filosófica a Hegel nas teses mencionadas anteriormente, sua aversão pessoal – e de pouca inteligência, como bem complementa Nietzsche – contra Hegel se origina, sobretudo, de seu desespero com a passividade da multidão que aclama uma filosofia que pouco compreende, ao mesmo tempo em que recusa sequer abrir os livros de Schopenhauer; que são filosoficamente tão originais e contundentes quanto os de Hegel.

A escola de Schopenhauer

Em 1833, Schopenhauer se mudou para Frankfurt e ali residiu até falecer, em 1860. Nesse período, escreveu e publicou o restante de sua obra, que amplia e aprofunda as lições fundamentais dos livros anteriores. A partir da década de 1840, os primeiros admiradores se aproximaram de Schopenhauer, prestando-lhe homenagens pessoais, e alguns dos quais se tornaram seus amigos. A popularidade schopenhaueriana se tornou muito disseminada, sobretudo a partir da publicação dos dois volumes de *Parerga und Paralipomena* [*Parerga e Paralipomena*] (1851), que reúnem uma série de ensaios e aforismos desse autor, mais dinâmicos e didáticos do que seus outros textos. Desde essa época até, aproximadamente, 1930, a doutrina de Schopenhauer foi extremamente influente, estudada e debatida, o que não se limitou aos círculos filosóficos, mas também se estenderia aos círculos de artistas, jornalistas, juristas, humanistas e cientistas. Nasceu o que o próprio filósofo denominou de sua "escola" (SCHOPENHAUER, 1987, p. 359); a qual foi, posteriormente, dividida por Domenico Fazio em dois sentidos fundamentais: um estrito e outro lato.

A "escola de Schopenhauer, em sentido estrito" (FAZIO; KOSSLER; LÜTKEHAUS, 2009, p. 73) consiste no pequeno grupo de 12 intelectuais escolhidos por Schopenhauer, e divididos, por ele, satiricamente, entre "evangelistas" e "apóstolos"; aqueles que pegaram ou não pegaram, respectivamente, a caneta em defesa de sua filosofia. Seus nomes são pouco conhecidos: tratam-se dos filósofos Julius Frauenstädt, Otto Lindner, Wilhelm Gwinner e G. W. Körber, dos juristas Johann Becker, Martin Emden, Adam von Doss, Friedrich Dorguth e Carl Bähr, do linguista David Asher, do jornalista August Kilzer e do padre Christian Weigelt.

Após a morte do filósofo, em 1860, Fazio ensina que o termo "escola de Schopenhauer" continuou sendo usado para designar, sobretudo, os filósofos alemães que se definiram ou foram definidos como schopenhaurianos. Nesse sentido lato, o schopenhaurianismo pode ser dividido, segundo o italiano, e não menos ironicamente do que em sua versão original, entre os: "metafísicos" Eduard von Hartmann, Julius Bahsen, Philipp Mainländer, que construíram filosofias que divergem em alguns pontos da de seu mestre, mas mantêm boa parte de suas teses; os "hereges" Paul Rée, Friedrich Nietzsche, Georg Simmel e Max Horkheimer, que "desenvolveram aspectos do pensamento schopenhaueriano de maneira autônoma e original, de modo que só podem ser considerados discípulos sob o conceito de hereges"; e os "pais da igreja" Paul Deussen, Hans Zint, Arthur Hübscher e Rudolf Malter, cujas contribuições se deram, sobretudo, "por meio da pesquisa sobre Schopenhauer, com sua promoção, organização, trabalho filológico de justa medida e edição dos textos e documentos" (FAZIO; KOSSLER; LÜTKEHAUS, 2009, p. 73).

Em *Freud na proximidade da escola de Schopenhauer,* defendi que a metapsicologia de Sigmund Freud também apresenta uma série de semelhanças com a filosofia de Schopenhauer, entre as quais o fato de ambos serem desmascaradores atentos da ilusão de que a consciência ou a razão humana domina sobre as paixões, preenche completamente o conceito de psique e responde pela crença em uma alma independente do corpo, e, portanto, imortal. Em concordância com Hans Zint (1938, p. 101-102), para quem os efeitos do schopenhauerianismo, "no nível da amplitude cultural, talvez não sejam encontráveis em nenhum outro filósofo da modernidade", argumentei que

Freud, como muitos outros autores, também deve ser reconhecido na *proximidade* da escola de Schopenhauer. Com base nesse caso específico, propus que o conceito de "escola de Schopenhauer em sentido estrito" também abrigasse a categoria da *vizinhança*, em que se inseririam outros filósofos de tantas nacionalidades, como Tobias Barreto, Otto Rank e Ludwig Wittgenstein; cientistas e humanistas, como Freud, Rudolf Steiner e Carl G. Jung; e, sobretudo, artistas. Para citar apenas alguns dos grandes artistas que assumiram terem sido influenciados por Schopenhauer, podem-se listar: Richard Wagner, Liev Tolstói, Franz Kafka, Guy de Maupassant, Stéphane Mallarmé, Marcel Proust, Antonio Machado, Machado de Assis, Augusto dos Anjos, Emil Cioran, Thomas Mann, Jorge Luis Borges, Joaquín Torres Garcia etc.

A filosofia e o pensamento único

De acordo com Schopenhauer (1819 [1912], p. 104), a filosofia tem a tarefa teórica, descritiva e contemplativa de aclarar, *in abstracto*, "a essência do mundo, tanto em seu todo quanto em suas partes", e a partir dos conceitos mais universais possíveis. Ela não é cética, dogmática ou prescritiva. Deve consistir, antes, em uma "repetição completa, por assim dizer, um *espelhamento* do mundo em conceitos abstratos, possível apenas pela união do essencialmente idêntico em um conceito, e pela separação do diferente em outro" (SCHOPENHAUER, 1819 [1912], p. 104). Diante da "concordância guardada pelas partes do mundo entre si, justamente por pertencerem a um todo" (SCHOPENHAUER, 1819 [1912], p. 104), Schopenhauer afirma que a filosofia não pode ser apresentada como um sistema de pensamento em que "uma parte sustenta continuamente a outra, e essa, por sua vez, não sustenta aquela" (SCHOPENHAUER, 1819 [1912], p. VIII). Pelo contrário, o claro e límpido espelho filosófico do mundo deve ser um *pensamento único,* em que cada parte "pode ser, em certa medida, deduzida das demais, e sempre reciprocamente" (SCHOPENHAUER, 1819 [1912], p. VIII). Em outras palavras, as ligações dos lados de um pensamento único não devem ser arquitetônicas, como em um edifício, mas orgânicas, em que cada fração depende das demais e também aporta à coesão do todo.

O que "há muito tempo se procura sob o nome de filosofia" (SCHOPENHAUER, 1819 [1912], p. VII) foi exposto, segundo Schopenhauer, em *O mundo como vontade e como representação,* que se divide em quatro livros, cada um dos quais correspondente a uma das quatro perspectivas fundamentais do mundo: a epistemológica, a metafísica, a estética e a ética. Conforme o autor, o mundo é, em primeiro lugar, o resultado de um conjunto de representações mentais que nos chegam por meio da experiência, e que é sistematizado pela ciência. Apesar da exatidão da faceta epistemológica do mundo, ele não se esgota nessa visão e pede pela penetração em seu interior, isto é, pela decifração do enigma do que ele é em si mesmo, tarefa essa que compete à metafísica. Em terceiro lugar, o mundo é algo contemplável como beleza natural ou artística, que se revela a um sujeito purificado que, de alguma maneira, se dissolve no objeto intuído. Por fim, o mundo também é algo que se decide a si próprio com radicalidade, e a partir de duas escolhas fundamentais: autoafirmação ou autonegação de si mesmo. O esclarecimento de ambas as possibilidades é o objetivo fundamental da ética ou, melhor dizendo, da metafísica dos costumes desse filósofo.

Quem pretende adentrar a filosofia de Schopenhauer deve ler, segundo ele, sua tese de doutorado, e depois, *O mundo como vontade e representação*. Tanto em sua tese como no *Livro I* da segunda obra, o pensador aborda "o meio pelo qual a experiência em geral se apresenta, junto à forma e à natureza deste meio (...) isto é, a representação, a imagem mental e o intelecto" (SCHOPENHAUER, 1851 [1896], II, § 21, p. 22). No *Livro II*, o pensador argumenta que a penetração e a decifração do mundo como algo além de mera representação mental ocorrem no ponto de encontro da experiência externa (os objetos materiais) e interna (os sentimentos), e portanto, no corpo, imediatamente apreendido, como manifestação de uma força vital dominante, chamada Vontade (de viver). Em outras palavras, caso queiramos entender o que o mundo é além de um mero produto da mente; isto é, o que ele é em si mesmo, podemos fazê-lo – sem ceticismo ou dogmatismo – apenas em analogia ao conhecimento ou à experiência que temos de nós mesmos, do modo mais imediato possível, como Vontade (de viver). A Vontade é o limite final da solução universal, objetiva e não solipsista do enigma filosófico da existência.

No *Livro III*, Schopenhauer retorna à perspectiva do mundo como representação, e agora a eleva à consideração estética: o mundo também é beleza e, portanto, algo radicalmente distinto de um mero fenômeno da experiência ordinária ou do conhecimento científico, que sempre se prende à relatividade e necessidade do determinismo causal. Na rara contemplação estética, o mundo se apresenta como arquétipo, isto é, modelo, Ideia platônica, livre de todo acidente e expressão da essência eterna e infinita dos objetos repetitivos e insignificantes do princípio de razão suficiente. Nessa associação da beleza ao conhecimento da essência do mundo, Schopenhauer (1851 [1896], II, § 219, p. 107) recorre à etimologia da palavra "*schön*" (belo), do alemão, que, segundo sua interpretação, está "indubitavelmente conectado com *'to show'* (revelar), do inglês, e consequentemente deve significar *'showy'*, *'what shows well'* – o que revela bem, portanto, aparece com clareza e distinção na percepção intuitiva –, logo, as Ideias eternas de Platão". Semelhante objeto só pode ser apreendido por um sujeito do conhecimento igualmente puro e extraordinário – afirma o filósofo. Assim, ele conclui que o correlato fundamental do mundo enquanto beleza é o puro sujeito do conhecimento, o qual, no instante de sua contemplação, experimenta uma libertação espiritual tão elevada que silencia, momentaneamente, a fonte de todo incômodo e carência: a própria Vontade.

No *Livro IV*, Schopenhauer conclui seu pensamento único com a consideração derradeira do mundo como essência que se decide a si própria, como autoafirmação ou negação de si própria. A primeira dessas escolhas dá origem ao mundo fenomênico, que não é senão o espelho e a objetivação da afirmação da Vontade, em seus dois graus fundamentais: autoconservação e reprodução (sexual). Excepcionalmente no ser humano, ápice da natureza, essa mesma Vontade pode ainda se negar a si própria e se retirar do mundo, algo pressentido pelos budistas com o conceito de Nirvana, pelos hindus com o de reabsorção em Brahma, e pelos místicos cristãos com o de Deus. Trata-se, porém, falando às claras, de uma negação ou Nada relativos, não absolutos, isto é, de algo que é Nada apenas para o mundo da afirmação da Vontade, no qual vivemos. A possibilidade desse Nada não pode ser demonstrada, tampouco refutada: portanto, ela pode ser pensada metafisicamente. E mais: o fenômeno moral da compaixão, que engloba as virtudes da justiça ("Não prejudiques a ninguém") e da caridade ("Ajude a todos que puderes"), testemunha em favor dessa autonegação; pois "quem incondicionalmente e do fundo do coração pratica a justiça, há de fazer sacrifícios que logo privam a vida da doçura necessária para torná-la desfrutável (...) levando-o assim à resignação" (SCHOPENHAUER, 1844 [1913], cap. 48, p. 779).

Em um grau de moralidade ainda maior, quem é caridoso padece não apenas da própria dor, mas de "todos os tormentos que vê e raramente consegue aliviar, todos os tormentos dos quais apenas sabe indiretamente" (SCHOPENHAUER, 1819 [1912], § 68, p. 456). Isso, no limite, provoca-lhe tamanha aversão ao mundo, que seu sofrimento universal se transforma, de modo ainda mais radical, em quietivo de sua Vontade. De modo associado a isso, o destino frustra nossas ilusões de felicidade, o que, se nos fere em um primeiro momento, também nos liberta da fonte de toda dor, a Vontade. Finalmente, a vida dos ascetas e santos, segundo o autor (1819 [1912], § 68, p. 456), que se punem direta e disciplinadamente, com a prática do "jejum, da castidade e do autoflagelo", baseia-se, de modo ainda mais intenso, na possibilidade da libertação, pela raiz, do sofrimento, por meio da autonegação da Vontade de viver. Conforme Schopenhauer (1819 [1912], § 71, p. 492), o Nada relativo é "o único que pode nos consolar duradouramente, quando (...) reconhecemos que o sofrimento incurável e o tormento sem fim são essenciais ao fenômeno da Vontade".

Uma vez que Schopenhauer não possui um sistema de pensamento, mas um pensamento único, em que cada parte contém o todo, como é por ele conservado, também os ensaios considerados mais periféricos em sua doutrina, como *A arte de ter razão*, são de enorme importância, pois podem ser lidos sem conhecimento prévio de sua doutrina, e sempre conduzem ao centro de sua filosofia. A relação das obras secundárias com as primárias é ilustrada pelo autor com uma bela metáfora, segundo a qual as primeiras conduzem às segundas assim como na cidade de Tebas todos os caminhos levam ao centro. Nas próprias palavras do filósofo (SCHOPENHAUER, 1841 [1977], p. 8.):

> Quando chegar o momento em que eu for lido, ver-se-á que a minha filosofia é como Tebas, a cidade dos cem portões: pode-se entrar por todos os lados e, através de cada um deles, chegar ao centro por um caminho direto.

A arte de ter razão é um texto altamente recomendável como porta de entrada à filosofia de Schopenhauer, pelo fato de não exigir o conhecimento prévio de seu pensamento. Além disso, como os opostos se esclarecem significativamente, não é pequeno o ganho da introdução na filosofia partir de sua consideração daquele que, originalmente, é o seu adversário, o sofista ou o erístico. Retornemos, portanto, preliminarmente, à Grécia Clássica de Platão, onde os conceitos de sofista e erístico foram definidos, pela primeira vez, com clareza a distinção. Em seus aspectos essenciais, pode-se dizer, sem hesitação, que a definição platônica de erística foi mantida integralmente por Schopenhauer na obra aqui traduzida.

O erístico e o sofista

Qual é a arte mais pura, precisa e verdadeira é o que Sócrates questiona a Protarco, em *Filebo**. Ao ver, porém, que o aluno do sofista Górgias hesita em responder entre a filosofia e a arte da persuasão, Sócrates o acode, com a seguinte distinção do mérito de ambas:

> Protarco, eu nunca procurei saber que arte ou conhecimento tem a primazia sobre as demais, quanto a grandeza, excelência e utilidade, mas qual é a que aspira à clareza e precisão e à suprema verdade, por modesta que seja e de reduzido emprego na prática. (PLATÃO, 1974, 58c.)

Com essas humildes palavras, Sócrates reconhece a excelência prática da arte da persuasão ou sofística, mas concede a primazia teórica à filosofia. A primeira – afirma, em outro contexto – consiste "na arte de ensinar a falar bem", assim como na de traficar conhecimentos de que se alimenta a alma (PLATÃO, 2002, 312d e 313c). A filosofia, embora não a vença em utilidade, supera-a em pureza, distinção e exatidão de seu conhecimento. Afinal, o sofista visa atender, sobretudo, suas mais diversas necessidades corporais, ao passo que o filósofo se determina, sobretudo, pela "faculdade naturalmente inclinada a amar a verdade e disposta a tudo fazer para alcançá-la" (PLATÃO, 2002, 58d). Em vista daquele objetivo, o mais importante é se munir de táticas sobre a vitória no plano das opiniões. Para a meta filosófica, o prioritário é alcançar o conhecimento mais exato e perfeito das coisas, cujo objeto são "as coisas que sempre se conservam sem liga nem mudança" (PLATÃO, 1974, 59c).

Embora chegue a definir alguns sofistas, como Protágoras, como "o homem mais sábio de nosso tempo" (PLATÃO, 2002, 309d), o irônico Sócrates acredita que a inteligência e a sabedoria são designações a que damos a mais alta estima, de modo que será um "emprego exatíssimo e justo" (PLATÃO, 1974, 59d) atribuí-las ao filósofo, cuja sabedoria é a mais evidente, fixa e verdadeira. Aqueles que jamais se aprofundam no exame detalhado das formas permanentes e puras da realidade – chamadas, por ele, de Ideias – não amam o autêntico conhecimento, mas as opiniões; isto é, não são filósofos, mas filodoxos. A opinião – distingue Sócrates, em *A República* (PLATÃO, 2016, 478d) – é uma "faculdade equidistante do conhecimento e da ignorância". Mais especificamente, se a ignorância tem por correlato o não-ser, e o conhecimen-

---

*. Obra publicada em *Clássicos Edipro*, presente em *Diálogos IV* (2015). (N.E.)

to, o ser, a opinião se dirige àquilo que está entre ambos, isto é, o que é e não é, ao mesmo tempo. Por exemplo: a beleza – o sofista Hípias ensina que uma mulher bonita é a que melhor a define. Esse argumento pode convencer a maioria dos ouvintes, mas, ao olhar de Sócrates, recebe a seguinte refutação: se comparada a uma bela panela, de fato, a bela mulher é mais bela; se, porém, comparada a uma bela deusa, é mais feia. Logo, uma bela mulher é bela e feia ao mesmo tempo, de modo que tê-la como a definição de beleza persuade aos amantes da opinião, mas não aos amantes da filosofia.

Em *O sofista*, a definição dessa figura grega é especificada por Platão em detalhes. Segundo seu principal interlocutor, o Estrangeiro de Eleia, o sofista é um caçador como o pescador, com a diferença de que se este caça animais marítimos e comestíveis, aquele enlaça o único animal terrestre, domesticado e falante da natureza: o homem. A arte aquisitiva desse animal – especifica o estrangeiro – pode ocorrer de duas maneiras distintas: pela violência (com a pirataria, a tirania, a guerra etc.) ou por meio da arte da persuasão. Esta última pode ser exercida tanto de modo público como privado, e tem por objetivo não o corpo, mas a alma, ou, mais especificamente, o dinheiro alheio, que pode ser obtido por meio de salário ou de presentes. A arte global que visa obter capital alheio via linguagem se chama adulação ou arte recreativa, e a que espera obter presentes é a arte de amar. A *sofística* consiste, precisamente, na "modalidade que promete ensinar a virtude por meio da conversação, e que se faz pagar em espécie" (PLATÃO, 1980, 223a). Seu alvo são os "mancebos ricos e de famílias ilustres" (PLATÃO, 1980, 223b), e, ao lado do comércio de artes (música, pintura etc.), ambos delimitam o mercado de produtos para a alma, que, junto aos produtos para o corpo (alimentos, utensílios etc.), definem o conceito de comércio.

Diferentemente dos demais artigos de venda, que em geral são extraídos da natureza externa, os sofistas fabricam suas mercadorias a partir deles mesmos, e suas lições versam sobre a virtude e a arte de vencer em um debate. O entrechoque de discursos – define o estrangeiro – é uma modalidade do combate, chamada controvérsia, a qual, se composta de "digressões a respeito do justo e do injusto, recebe o qualificativo de forense ou judicial" (PLATÃO, 1980, 225b), e, se realizada "entre particulares e cortada em pedacinhos, por meio de perguntas e respostas" (PLATÃO, 1980, 225b), denomina-se contenda. Esta última, quando executada "sem métodos e regras de arte" (PLATÃO, 1980, 225c), não possui um nome específico; mas se empreendida a partir de estratégias claras e treinadas, denomina-se *erística*. A *erística*, por fim, divide-se entre aquela que "sabe ganhar dinheiro, e outra que o dissipa" (PLATÃO, 1980, 225d), que, respectivamente, são a *sofística* e a mera verbosidade.

Platão reconhece que a sofística não é de todo censurável, pois tem uma aplicação na educação. Esta, junto à correção política, consiste na purificação da alma, da mesma maneira que a medicina e a ginástica constituem a purificação do corpo. A correção combate a maldade moral, e a educação, a ignorância. A principal forma desse segundo mal é a tolice, a qual consiste em "imaginar conhecer o que não se conhece" (PLATÃO, 1980, 229c). A tolice está para a fealdade do corpo, corrigida pela ginástica, como a maldade está para a doença física, eliminada pela medicina. A principal desproporção da alma, portanto, vale repetir, a tolice, pode ser combatida a partir de dois métodos distintos: o vetusto ou a refutação. O primeiro dava a pauta à educação de nossos pais – afirma o estrangeiro, com uma frase que, curiosamente, também caberia a nós mesmos. Ela se baseia na reprimenda, na advertência e na exortação, e alcança resultados medíocres, uma vez que a "ignorância é involuntária e que nenhum dos que se julgam sábios se dispõe a aprender seja o que for daquilo em que se considera forte" (PLATÃO, 1980, 230a). A refutação, por sua vez, engloba:

> Uma série de perguntas sobre assunto em que o interlocutor [tolo] pensa responder com vantagem, quando a verdade é que não diz coisa com coisa; depois, aproveitando-se de sua desorientação lhe rebatem facilmente as opiniões, que eles amontoam na crítica a que as submetem e, confrontando umas com as outras, mostram como se contradizem sobre os mesmos objetos em idênticas relações e igual sentido. Os que se veem assim confundidos, acabam por desgostar-se de si próprios e passam a mostrar-se mais dóceis com relação aos outros; isso os livra do exagerado conceito que faziam deles mesmos, o que, de todas as liberações, é a mais agradável de se ouvir e a de melhor efeito para o interessado. (PLATÃO, 1980, 230b-c)

Assim como a medicina deve, primeiro, remover os elementos destrutivos de nosso corpo, para só depois recomendar a saúde, a instrução também deve, primeiro, eliminar a tolice da alma, isto é, a ilusão da onisciência, para só depois ensinar a verdade. Na primeira etapa, Platão sugere que a arte da refutação ou sofística pode ser bem útil. Afinal, a refutação é: "A maior e mais eficiente purificação, sendo forçoso concluir que o indivíduo que se eximir a esse processo (...) é impuro no mais alto grau, ignorante e deformado" (PLATÃO, 1980, 230c).

Essa aplicação da erística à primeira etapa da educação é definida pelo grego como a "sofística de nobre nascimento" (PLATÃO, 1980, 231b). No entanto, como a sofística não é geralmente aplicada com esse fim, mas, sobretudo, como a arte da disputa por meio de diálogos, ela se afasta da educação, da verdade e da filosofia, e se define, antes, como a arte da opinião. Se o desejo dos sofistas e dos jovens que lhe pagam é apenas vencer nos debates, é desnecessário ter mais do que uma informação superficial sobre todos os objetos capazes de serem discutidos. Assim, os erísticos se apresentam aos olhos da multidão, sobretudo, como conhecedores de tudo. E, embora possam convencer os jovens, sempre se revelam, aos filósofos e idosos, como possuidores de um "conhecimento aparente sobre todos os assuntos, não do verdadeiro conhecimento" (PLATÃO, 1980, 233c). Sua arte não é uma ciência – conclui Platão (1980, 234b) –, mas algo muito mais próximo de uma brincadeira: e "conheces brincadeira mais graciosa e artística do que a mimética?". Assim, o sofista é um mero imitador do sábio, incapaz de iludir o modelo a quem imita.

É verdade que os sofistas procuram escapar dessa crítica com o argumento de que suas lições não podem comunicar o que não é, pois o que não é não é (e, portanto, não pode ser comunicado). Em outras palavras, alguma verdade deve necessariamente ser transmitida por eles; ao que Platão responde que sim: a meia-verdade da opinião. Por outro caminho, os sofistas alegam que o ser permanente não existe, mas tudo é volátil, fragmentado e imperfeito. Em última instância, não há o conhecimento em sentido forte, como quer Platão, mas apenas visões subjetivas e contraditórias sobre os infinitos objetos sensíveis. Resumidamente, a resposta platônica a esse argumento é que entre o não ser incomunicável e o ser perfeito, e de fato, dificilmente alcançável pela ciência ou filosofia, encontra-se a opinião. Esta é o objeto da sofística, ao passo que a verdade mais pura, clara e exata *possível*, é o da filosofia. Confrontados um ao outro, o filósofo se assemelha a alguém desperto, e o sofista, a alguém dormindo. O filósofo é aquele que, na famosa alegoria da caverna, se libertou das amarras da morada sombria e conheceu o mundo real, permanente e distinto. O sofista, pelo contrário, é aquele que aprimorou, por toda a sua vida, a habilidade de vencer nos jogos sobre as sombras disputados no fundo da caverna. Por serem os campeões consagrados desse tipo de gincana, eles são, justamente, os maiores interessados na não libertação (educacional, política etc.) dos prisioneiros; e aqueles mais propensos, por fim, a matar o filósofo, caso este tente libertar os prisioneiros e levá-los à verdade. O repúdio platônico aos erísticos, certamente, permaneceu na consideração de Schopenhauer sobre eles; chegando ao ponto de impedir que o alemão publicasse, em vida, a sátira realizada de seus inimigos.

A dialética, a retórica e a filosofia satírica

Schopenhauer finalizou *A arte de ter razão* em 1830, mas, como já dito, não a publicou em vida, alegando que a temática do ensaio não "combinava com seu temperamento" (SCHOPENHAUER, 1851 [1896], II, § 26, p. 29). Algumas passagens desse texto foram inseridas no *Capítulo 11 – Sobre a Retórica* de *O mundo como vontade e representação – Tomo II* (1844), e um comentário e um resumo geral foram introduzidos no § 26 de *Parerga e Paralipomena – Tomo II*. Após a morte do filósofo, J. Frauenstädt publicou esse ensaio, em 1864, como o primeiro capítulo dos *Manuscritos póstumos* de Schopenhauer, intitulado por *Erística* (*Eristik*). No § 26 de *Parerga e Paralipomena, II*, Schopenhauer (1851 [1896], p. 29-30) comenta a natureza do texto aqui traduzido com as seguintes palavras:

> As artimanhas, truques e chicanas de que as pessoas se valem com o único fim de terem razão em um debate são tão numerosos e multifacetados, e, mesmo assim, se repetem com tanta regularidade, que se tornaram o estofo de uma reflexão que realizei, há alguns anos, sobre a forma pura dessas estratégias. Isso me ocorreu logo após ter reconhecido que, por mais que queiram ser distintos tanto os objetos, como as pessoas envolvidas em um debate, deveras, trata-se sempre das mesmas e idênticas artimanhas e chicanas que retornam, e que podem, assim, serem assinaladas perfeitamente (...). Eu agrupei, portanto, todos os truques desonestos realizados em uma disputa, e os apresentei, com clareza, em sua essência particular. Também os esclareci por meio de exemplos: designei-os cada um com um nome próprio, e indiquei os meios utilizáveis, como espécies de antídotos contra seus artifícios. Com esse trabalho, veio à luz uma dialética erística, na qual os mencionados truques ou estratagemas, como figuras erísticas, ocupam o lugar que, na lógica, é preenchido pela silogística, e na retórica, pelas figuras retóricas. (Tradução livre.)

Após esse comentário, Schopenhauer resume que a essência da arte da controvérsia consiste no seguinte: um interlocutor apresenta uma tese, e pode ser refutado, por seu opositor, com um contra-argumento que mire a tese (*ad rem*) ou o próprio interlocutor (*ad hominem*), isto é, seu discurso, conduta ou vontade globais. A refutação de uma tese pode ser, assim, direta ou indireta; isto é, buscar abalar, respectivamente, as *razões* ou as *consequências* da tese. Quando se atacam as *razões*, procura-se miná-las com a refutação de, pelo menos, uma de suas premissas, ou da legalidade lógica da dedução da conclusão a partir das premissas. Quando se refutam as *consequências*, tenta-se provar que a tese, caso aceita, e assomada a novas premissas também aceitas, só pode conduzir a conclusões inaceitáveis: o que exige a reformulação das premissas. Ou, então, ao se procurar mostrar que a tese, caso aceita, deva englobar uma situação ou exemplo inaceitável: o que também invalida sua generalização. No primeiro caso, o contra-argumento se chama apagogia, e, no segundo, instância ou *exemplum in contrarium*.

O diálogo – ou a dialética, como Schopenhauer prefere dizer, valendo-se, para tanto, do fato de o vocábulo grego διαλέγεσθαι [*dialégesthai*] (*discutir*) estar na origem de ambas as palavras – tem a mesma estrutura, sempre: seja nos tribunais, nos congressos ou no dia a dia. Se o ser humano fosse amante da verdade antes de tudo, então, todos os diálogos seriam honestos. As pessoas de menor conhecimento se dirigiriam aos mais sábios apenas como aprendizes; e as incapazes de certas cognições nunca se aprofundariam nas conversas que pouco entendem. Contudo, como o homem é arrogante e vaidoso por natureza; como suas paixões determinam seu agir muito mais do que sua razão, é mesmo a regra que nos diálogos ele se comporte de modo desonesto e os encare como batalhas em que vencer é muito mais importante do que conhecer.

Para tanto, o homem lança mão de uma série de truques e blefes, que compõem a sua dialética natural. Esta, embora desenvolvida espontaneamente por todos, pode ser enriquecida pela técnica ou pela arte da dialética, que é o que Schopenhauer realiza aqui, sob o conceito de dialética erística. No apêndice desse ensaio, o filósofo reconhece dar à palavra dialética um sentido novo em relação ao da filosofia grega. Entre os gregos e medievais – afirma –, a dialética ainda não está claramente separada da lógica ou do uso correto da razão; e, apenas a partir de Kant, recebe um significado explicitamente pejorativo e identificado à aparência anticientífica. Na esteira de Kant, Schopenhauer amplia esse sentido moderno da palavra dialética, ao identificá-la à erística, sob a expressão dialética erística. Em suma, a dialética erística consiste, para Schopenhauer, na arte de vencer um debate sem precisar estar do lado da verdade. O filósofo não nega que a vitória em uma discussão será tanto mais fácil, caso se tenha a verdade a seu favor. Contudo, como essa posse não é priorizada na maioria dos círculos, em que ganhar e impressionar dependem mais da destreza erística do debatedor, o pensador rompe com a tradição socrática, que via no diálogo o caminho prioritário à ciência e à filosofia, e defende que as últimas devam ser desenvolvidas, sobretudo, com a escrita. Essa preferência é justificada pelo autor (SCHOPENHAUER, 1851 [1896], I, § 3, p. 46-47) com as seguintes palavras:

> Um grande espírito deve reconhecer, pouco a pouco, sua vocação e ocupação com a humanidade, e, consequentemente, se conscientizar de que não pertence ao rebanho, mas aos pastores, isto é, aos educadores da espécie humana. Com isso, tornar-se-lhe-á claro o dever de não limitar a sua influência imediata e concreta aos poucos indivíduos que o acaso trouxe à sua proximidade, mas dilatá-la a toda a humanidade, de tal modo a poder alcançar, sobretudo, suas exceções, as mentes primorosas, e, portanto, raras. O órgão, porém, por meio do qual se dirige à humanidade é somente a escrita: oralmente, fala-se a poucos indivíduos, de sorte que o que é dito, em relação à espécie humana, permanece privado (...). Além disso, todo espírito que pensa com profundidade tem, necessariamente, o instinto de fundamentar seu próprio pensamento, e levá-lo, assim, para sua própria satisfação, à máxima clareza e determinação, incorporando-o em palavras. Isso acontece com perfeição apenas por meio da escrita (...). A escrita, portanto, é o puro protótipo do pensamento.

Com base nessa distinção, Schopenhauer defende que é "duvidosa a alta capacidade mental de todo aquele que não escreve", como Sócrates e Pitágoras. E argumenta que é "evidente que Sócrates seja um personagem ideal, e, portanto, poético, que exprime o pensamento de Platão" (SCHOPENHAUER, 1851 [1896], I, § 3, p. 46-47). A linguagem escrita, para Schopenhauer, é a propriamente filosófica e científica, ao passo que a dialética é o território da erística e da sofística. Tanto é assim que o próprio Sócrates foi acusado de ser um sofista, ou de pelo menos misturar elementos filosóficos com sofísticos, tanto por seus (ARISTÓFANES, 2013, posição 4922-4925) como por nossos contemporâneos (BARNEY, 2006, p. 77). O mais sábio e prudente, segundo Schopenhauer, é evitar a discussão com pessoas cuja perversidade é tamanha que as fazem blefar descaradamente nas discussões, por meio das estratégias aqui compiladas. Sendo assim, a dialética erística aqui apresentada tem uma função, sobretudo, de defesa contra os ataques desleais e erísticos. Por fim, Schopenhauer também utiliza o termo "dialética científica" para se referir a esse ensaio, sob o qual se entende o fato de que ele também ilumina aspectos significativos da psicologia humana, e assim, também aporta à ciência da psicologia.

Um caminho como o de *A arte de ter razão*, que conduz da erística à filosofia, e, portanto, que está entre dois domínios, originalmente adversários, só poderia ser trilhado, com genialidade, por um autor que sabe ser mestre, como poucos, em filosofia satírica. Herdeiro da ironia de Sócrates, Schopenhauer pertence ao seleto grupo de filósofos que, como Horácio, Erasmo de Roterdã, Voltaire, Paul Rée e Gilles Deleuze, sabem que o desmascaramento dos vícios e hipocrisias humanas também pode ser feito por meio do humor. Conforme o pessimista, a vida do homem não é apenas uma tragédia: é uma tragicomédia. Ela contém

> todos os lamentos e dores da tragédia, sem, no entanto, podermos afirmar a nossa dignidade de pessoas trágicas; ao contrário, nos detalhes da vida, desempenhamos inevitavelmente o papel tolo de caracteres cômicos. (SCHOPENHAUER, 1819 [1912], § 58, p. 390)

Nem todos esses bons motivos foram suficientes para convencer Schopenhauer a publicar *A arte de ter razão* em vida. Na casa dos 60 anos de idade, e após reler essa sua jovial "doutrina do modo de proceder da teimosia natural ao homem" (v., nesta edição, p. 79), Schopenhauer (1851 [1896], II, § 26, p. 35) afirmou que "a iluminação de todos esses esconderijos da limitação e incapacidade, aliados à teimosia, à vaidade e à infidelidade, agora o repudiavam; de maneira que se dava por satisfeito com a elaboração desse ensaio", e seu consequente encostamento. Talvez tenha lhe faltado força para trazer a público essa sátira genial. Ou quiçá ele já fosse ciente de que sua publicação seria realizada pelos membros de sua escola.

Não se deve confundir, por fim – afirma Schopenhauer, em outro texto –, os truques da erística aqui debatidos com as figuras da retórica e da eloquência. Essas últimas são muito mais inspiradoras do que as primeiras – porquanto:

> A eloquência é a habilidade de despertar a nossa visão ou a nossa atitude diante de algo também no outro, e, com isso, despertar nele o nosso sentimento e colocá-lo em simpatia conosco. Isso, porém, só pode ser conseguido na medida em que nós conduzimos a corrente de nossos pensamentos para dentro de sua cabeça, por meio de palavras e com tamanha força, que ele desvia seu pensamento do curso que este já tinha tomado, e é arrastado junto com o curso de nosso pensamento. Essa proeza será tanto maior quanto mais se apartava o curso anterior de seu pensamento do nosso. Assim, é facilmente compreensível por que a convicção e a paixão tornam eloquentes, e por que a eloquência é mais um presente da natureza do que um fruto da arte. (SCHOPENHAUER, 1844 [1913], p. 145)

Como a paixão e a convicção são os principais ingredientes da retórica, Schopenhauer adverte que o bom orador deve evitar contaminar sua fala com recursos sofísticos. Afinal:

> O falso é rapidamente reconhecido, ou, em todo caso, sentido, e, então, deve também tornar suspeito aquilo que é verdadeiro e valioso em seu discurso. Sugiro, portanto, que se apresentem sempre o verdadeiro e o valioso de modo puro e simples, e, assim, que se reserve de expor qualquer verdade junto a argumentos insuficientes, e, portanto, sofísticos, pois a verdade já é suficiente. Até porque se o adversário anula os argumentos insuficientes, aparenta também ter refutado a verdade defendida. E assim, faz um *argumenta ad hominem* [contra a pessoa, isto é, sua posição global] valer por um *argumenta ad rem* [contra a tese]. (SCHOPENHAUER, 1844 [1913], p. 146)

A verdade, conforme Schopenhauer, "é o indestrutível diamante. É a única coisa que permanece firme, que persevera e se mantém fiel" (SCHOPENHAUER, 1851 [1896], II, p. 146). Sempre é um grande risco se afastar dela; porém, tê-la em mãos nunca é suficiente em qualquer debate. Assim, tão importante quanto possuí-la é saber preservá-la de seus depravadores desleais, e, para tanto, sempre valerá a regra da justeza de que os combatentes duelem com as mesmas armas. Com esse fim, sobretudo, de defesa da verdade contra os erísticos trapaceiros e com os recursos da própria erística, bem como com o de denunciar, ironicamente, o comportamento dos últimos, Schopenhauer escreveu *A arte de ter razão*, cuja leitura é uma porta de entrada privilegiada, e de grande valor atual, ao cerne de sua filosofia.

*Guilherme Marconi Germer**

---

[*]. Pós-doutorando em filosofia pela Universidade de São Paulo (USP) e pesquisador convidado da Eberhard Karls Universität Tübingen. Concluiu pós-doutorado em filosofia na Universidade Estadual de Maringá (UEM), como bolsista da CAPES, e doutorado, mestrado, licenciatura e bacharelado em filosofia na Universidade Estadual de Campinas (Unicamp), como bolsista da FAPESP, da CAPES e do CNPq. Realizou "doutorado sanduíche" na Università del Salento. É membro do conselho editorial da *Voluntas*: Revista Internacional de Filosofia e do blog científico Open Philosophy (Unicamp). Tem experiência em ética, estética, e filosofia da psicanálise e da religião.

Referências

ARISTÓFANES. As Nuvens. In: O MELHOR do Teatro Grego. Trad. M. da G. Kury. Rio de Janeiro: Zahar, 2013. Versão Kindle, posição 4477-6101.

BARNEY, Rachel. The Sofistic Movement. In: GILL, M.; PELLEGRIN, P. (eds.). *A Companion to Ancient Philosophy*. Liphook: Blackwell, 2006.

FAZIO, D.; KOSSLER, M.; LÜTKEHAUS, L. *La Scuola di Schopenhauer*: Testi e Contesti. Lecce: Pensa Multimedia, 2009.

HUBBARD, Elbert. Schopenhauer. In: SCHOPENHAUER, A. *Delphi Collected Works of Arthur Schopenhauer*. Reino Unido: Delphi Classics, 2017. Kindle version, location 43982 and 43935.

PLATÃO. *A República*. Trad. C. A. Nunes. Belém: UFPA, 2016.

PLATÃO. *Filebo*. Trad. C. A. Nunes. Belém: UFPA, 1974.

PLATÃO. *O Sofista*. Trad. C. A. Nunes. Belém: UFPA, 1980.

PLATÃO. *Protágoras*. Trad. C. A. Nunes. Belém: UFPA, 2002.

SCHOPENHAUER, A. *Colloqui*. Organizado por Anacleto Verrecchia. Milão: Rizzoli, 1995.

SCHOPENHAUER, A. *Die Beide Grundprobleme der Ethik*. Organizado por HÜBSCHER, A. Zürich: Diogenes Verlag, 1841 [1977].

SCHOPENHAUER, A. *Die Welt als Wille und Vorstellung*. Organizado por L. Berndl. Munique: G. Müller, 1819 [1912]. Erster band.

SCHOPENHAUER, A. *Die Welt als Wille und Vorstellung*. Organizado por L. Berndl. Munique: G. Müller, 1844 [1913]. Zweiter band.

SCHOPENHAUER, A. *Gesammelte Briefe*. Organizado por A. Hübscher. Bonn: Bouvier, 1987. Carta n. 351 a Adam von Doss, Frankfurt, 10/01/1855.

SCHOPENHAUER, A. *Parerga und Paralipomena*. Stuttgart: Verlag der Cotta'sche Verlangsbuchhandlung, 1851 [1896].

VERRECCHIA, A. *Schopenhauer e la Vispa Teresa. L'Italia, le Donne, le Aventure*. Roma: Donzelli, 2006.

ZINT, H. Schopenhauer als Erlebnis. In: *Schopenhauer-Jahrbuch – XXV*. Heidelberg: C. Winters Universitätsbuchhandlung, 1938.

A ARTE
DE TER RAZÃO*

---

*. Nesta edição optamos por inserir a transliteração dos termos em grego para o alfabeto latino, ainda que o original alemão não apresentasse tal conteúdo. A transliteração, efetuada pelo tradutor Daniel Moreira Miranda, está posicionada logo após os vocábulos em grego. As demais notas acrescentadas por este tradutor ao longo da obra estão identificadas pela sigla N.T.D.M.M. (N.E.)

Dialética erística

A *dialética erística*¹ é a arte de debater e, mais precisamente, debater de tal modo que se tenha razão; portanto, *per fas et nefas*² (com ou sem razão). Aliás, é possível ter razão *objetiva* na questão em si mas, aos olhos dos circunstantes – por vezes, mesmo diante dos próprios olhos –, não tê-la. Por exemplo, quando o oponente refuta meu argumento, e isso vale como se refutasse a própria afirmação, para a qual, no entanto, pode oferecer outros argumentos; nesse caso, o papel naturalmente se inverte para o oponente; ele tem razão estando objetivamente errado. Assim, a

---

1. Os antigos geralmente empregavam *lógica* e *dialética* como sinônimos; o mesmo fazem os modernos.
2. Erística seria apenas um termo mais rigoroso para se referir à mesma coisa. Aristóteles (segundo Diógenes Laércio V, 28) reuniu retórica e dialética, que teriam por objetivo a persuasão, τὸ πιθανόν (*tò pithanón*), e depois a analítica e a filosofia, que teriam por objetivo a verdade. – Διαλεκτικὴ δέ εστι τέχνη λόγων, δι᾽ ἧς ανασκευάζομέν τι ἢ κατασκευάζομεν, εξ ερωτήσεως καὶ αποκρίσεως τῶν προσδιαλεγομένων (*Dialektikèe dé esti tékhne lógon, di'ēs anaskeuázomén ti è kataskeuázomen, ex erotéseos kaì apokríseos tôn prosdialegoménon*) [a dialética é uma arte do discurso, por meio da qual refutamos ou afirmamos algo mediante demonstração, por meio da pergunta e da resposta dos interlocutores] (Diógenes Laércio III, 48, in *Vita Platonis**). Aristóteles, na verdade, distingue: 1) a *lógica* ou analítica enquanto teoria ou instrução para se chegar a conclusões verdadeiras, as apodícticas; 2) a *dialética*, ou instrução para se chegar a conclusões que valem e que são correntes como verdadeiras – ἔνδοξα (*éndoxa*), *probabilia* (*Tópicos*, I, 1 e 12); conclusões nas quais não está definido se são falsas ou se são verdadeiras (em si e por si), já que isso não tem importância. Mas do que se trata aqui senão da arte de ter razão, não importando se de fato a temos ou não? Ou seja, a arte de se alcançar a aparência da verdade sem a preocupação com os fatos. Portanto, como dito no início: Aristóteles realmente divide as conclusões em lógicas, dialéticas, como acabamos de afirmar, e então: 3) em *erísticas* (*erística*), nas quais a forma da conclusão é correta, mas as proposições em si, a matéria, não são verdadeiras, mas tão somente aparentam sê-lo e, finalmente: 4) em *sofísticas* (*sofística*), nas quais a forma da conclusão é falsa, mas aparenta ser correta. Todos os três últimos de fato pertencem à dialética erística, já que todos almejam não a verdade objetiva mas, antes, a sua aparência, a despeito dela mesma; ou seja, almejam *ter razão*. Além disso, o livro sobre os sofistas só fora editado mais tarde; era o último livro da dialética.
*. Há uma edição em português deste livro, com tradução de Mário da Gama Kury: *Vidas e doutrinas dos filósofos ilustres* (ed. UnB). Seu título original era Βίοι καὶ γνῶμαι τῶν ἐν φιλοσοφίᾳ εὐδοκιμησάντων (*Bíoi kaì gnômai tôn en filosofíai eudokimesánton*). (N.T.D.M.M.)

verdade objetiva de uma proposição e sua validade, na aprovação do debatedor e dos ouvintes, são duas coisas diferentes (a dialética se direciona a esta última).

Qual a origem desta atitude? Da maldade natural do gênero humano. Sem ela, seríamos honestos desde o princípio; em qualquer debate, não teríamos outro objetivo que não o de trazer à tona a verdade, sem nos preocuparmos se esta corresponde à opinião que apresentamos de início ou à dos outros. Este último ponto seria indiferente ou, ao menos, completamente secundário. Mas, agora, o principal. A vaidade inata, particularmente sensível à capacidade intelectual, não quer que aquilo que apresentamos de início se revele como falso, e o apresentado pelo oponente, como correto. Desse modo, cada um deveria se empenhar em julgar apenas corretamente: razão pela qual se deveria primeiro pensar e, só depois, falar. No entanto, em quase todos os indivíduos, a vaidade inata está lado a lado com a loquacidade e a desonestidade inata. Eles falam antes de pensar e, quando percebem posteriormente que sua afirmação é falsa e que não têm razão, farão parecer que ocorreu o inverso. O interesse pela verdade, quase sempre o único motivo para a colocação da proposição supostamente verdadeira, cede agora por completo ao interesse da vaidade: o verdadeiro deve parecer falso, e o falso, verdadeiro.

No entanto, mesmo essa desonestidade de insistir em uma proposição que nos parece falsa ainda encontra uma desculpa: no início, geralmente estamos bastante convictos da verdade de nossa afirmação, mas o argumento do oponente parece então desmantelá-la; cedemos agora à sua causa e, muitas vezes, achamos posteriormente que de fato temos razão: nossa prova era falsa, mas poderia haver uma prova correta para a afirmação: o argumento salvador não nos ocorreu naquele momento. Eis então que surge em nós a máxima de, mesmo quando o argumento contrário nos parecer correto e convincente, continuar a combatê-lo na crença de que sua própria correção seja apenas superficial e que, ao longo do debate, ainda nos ocorrerá um argumento que destrua o do oponente ou que confirme de outra forma nossa verdade: somos assim quase forçados – ou, ao menos, inclinados – à desonestidade no debate. Dessa forma, a fraqueza de nosso intelecto e a perversão de nossa vontade se asseguram mutuamente. Nesse sentido, quem debate não luta necessariamente pela verdade, mas, antes, por sua proposição, como *pro ara et focis* (pelo altar e pela família), e *per fas et nefas* (com ou sem razão), como já demonstramos, não podendo ser de outra forma.*

Portanto, via de regra, cada um pretenderá impor sua afirmação, mesmo que esta, por ora, pareça-lhe falsa ou duvidosa.[3] Cada um obtém os meios para tanto de sua própria esperteza e maldade: é o que ensina a experiência diária com o debate; cada um tem, portanto, sua *dialética natural*, assim como sua *lógica natural*. No entanto, aquela não o guia por muito tempo com tanta segurança quanto esta. Ninguém pensará ou concluirá com tanta facilidade contra as leis da lógica: falsos juízos são frequentes, falsas conclusões, muito raras. Assim, ninguém demonstra muito facilmente que a lógica lhe falta; o mesmo entretanto não ocorre com a ausência de dialética: ela é um dom da natureza distribuído de forma desigual (no que é idêntica à capacidade de jul-

---

*. *Pro aris et focis*, expressão latina que, literalmente, significa pelos altares e pelas lareiras, isto é, pelos deuses e pela família. O debatedor, nesse caso, luta por sua proposição como se lutasse pelos deuses e pela família, por Deus e pela pátria, estando correto ou não (*per fas et nefas*). (N.T.D.M.M.)

3. Maquiavel recomenda ao príncipe se servir de todo momento de fraqueza de seu vizinho para atacá-lo: porque senão este poderá, um dia, servir-se do momento em que aquele se encontrar fraco. Se a fidelidade e a honestidade predominassem, tudo seria diferente: uma vez que não precisamos nos munir delas, não devemos praticá-las, pois são mal recompensadas: é exatamente o que ocorre em uma disputa: se dou razão ao oponente assim que ele parece tê-la, dificilmente ele fará o mesmo quando o caso se inverter: ele procederá, antes, *per nefas*; sendo assim, tenho de fazer o mesmo. É fácil dizer que devemos perseguir apenas a verdade, sem preferência por uma proposição: no entanto, não podemos presumir que o outro fará o mesmo; sendo assim, também não devemos fazê-lo. Ademais, se tão logo que me parecesse que ele tem razão, eu pretendesse abdicar de minha proposição, que eu anteriormente teria investigado, então simplesmente poderia ocorrer que, induzido por uma impressão momentânea, eu viesse a abdicar da verdade para adotar o erro.

gar, enquanto a razão permanece a mesma). Pois, com frequência, deixamo-nos confundir ou refutar com uma argumentação apenas superficial, na qual de fato temos razão – ou o inverso – e, se alguém sai vencedor de uma contenda, isso muitas vezes se deve menos à precisão de sua capacidade de julgar ao apresentar sua proposição do que à inteligência e à habilidade com as quais a defendera. Aqui, como nos demais casos, o inato é o melhor[4]: porém, para se tornar um mestre nessa arte, também são de grande valia a prática e a reflexão acerca das expressões que lançamos contra o oponente, ou que ele emprega com mais frequência. Assim, mesmo que também a lógica possa não ter qualquer utilidade prática, a dialética certamente a terá. Parece-me que Aristóteles também apresentou sua própria lógica (analítica), sobretudo como fundamento e preparação para a *dialética*, e que esta foi para ele o fator principal. A lógica lida simplesmente com a forma das proposições; a dialética, com sua substância ou matéria, com o conteúdo: justamente por isso convém considerar a forma geral de todas as proposições antes de preceder à do conteúdo, aos casos particulares.

Aristóteles não definiu o objetivo da dialética de maneira tão precisa quanto eu o fiz: se ele atribui o objetivo principal ao debate, ele o faz enquanto instrumento para a descoberta da verdade (*Tópicos**, I, 2); posteriormente, em sua obra, ele volta a afirmar que, do ponto de vista filosófico, as proposições devem ser tratadas de acordo com a verdade e, do ponto de vista da dialética, de acordo com a aparência ou aprovação que receberão de outras opiniões [δόξα (*dóxa*)] (*Tópicos*, I, 12). Ele está consciente de que é preciso distinguir a verdade objetiva de uma proposição e separá-la do modo pelo qual ela é apresentada e da aprovação que obtém; no entanto, ele não esta-

---

4. *Doctrina sed vim promovet insitam* [Mas apenas a doutrina promove a capacidade inata. Horácio, *Carmina*, IV, 4, 33].
*. Obra publicada em *Clássicos Edipro*, presente em *Órganon* (2016). (N.E.)

belece uma distinção suficientemente precisa entre esses dois aspectos nem utiliza a dialética para o último [deles][5]. Suas regras para definição da dialética muitas vezes se misturam àquelas com as quais ele define a lógica. Parece-me, pois, que ele não solucionou com clareza o seu problema[6]. Em seus *Tópicos*, Aristóteles, com o espírito científico que lhe é característico, expôs metódica e sistematicamente a dialética, o que é digno de admiração; porém seu objetivo, expressamente prático, não foi atingido. Nos *Analíticos*, após considerar os conceitos, os juízos e as conclusões em sua *forma* pura, ele se volta então para o *conteúdo*, no qual ele tem de lidar, de fato, com os conceitos: pois neles se encontra a

---

5. E, por outro lado, no livro *De elenchis sophistics*, ele novamente se empenha em separar a *dialética* da *sofística* e da *erística*, a diferença deve residir no fato de as conclusões dialéticas serem verdadeiras quanto à forma e ao conteúdo; já as erísticas ou sofísticas – que se diferenciam apenas pelo objetivo, que nas primeiras (erísticas) consiste em ter razão e, nas últimas, no reconhecimento que se adquire por meio delas e do dinheiro que elas rendem – são falsas. É sempre algo muito incerto saber se as proposições são verdadeiras em relação ao conteúdo, para que disso se extraia o fundamento da diferenciação. E ainda menos certo quanto a isso estará aquele que disputa: o próprio resultado da disputa oferece somente um esclarecimento incerto sobre o assunto. Temos, pois, que incluir na *dialética* de Aristóteles também a sofística, a erística, a periástica, e defini-la como *a arte de ter razão em uma disputa*: para tanto, certamente, o melhor recurso é, antes de qualquer coisa, ter razão quanto ao assunto tratado; mas isso, por si só, é insuficiente diante da mentalidade humana e, por outro lado, diante da deficiência de seu intelecto, não é absolutamente necessário: há ainda outros estratagemas que, justamente porque não dependem do fato de se ter objetivamente razão, podem ser empregados também quando objetivamente não a temos: e, se este seria o caso, é algo do qual quase nunca estamos certos. Assim, penso que a *dialética* dever ser mais nitidamente separada da *lógica* do que o fez Aristóteles, confiando à *lógica* a verdade objetiva, na medida em que esta é *formal*, e restringindo a *dialética* ao *ato de ter razão*; todavia, em contrapartida, a sofística e a erística não devem ser separadas dela como o faz Aristóteles, já que essa diferença se baseia na verdade material objetiva, a respeito da qual não podemos ter absoluta certeza de antemão, mas temos que dizer com Pôncio Pilatos: o que é a verdade? – pois *veritas est in puteo*: ἐν βυθῷ ἡ ἀλήθεια (*en buthôi é alétheia*) [a verdade está no fundo]: sentença de Demócrito (Diógenes Laércio, IX, 72). É fácil dizer que, em um litígio, não devemos almejar nada mais do que trazer à tona a verdade: só que ainda não sabemos onde ela está. Somos levados ao erro pelos argumentos do oponente e pelos nossos próprios. Aliás, *re intellecta, in verbis simus faciles* [Quando um assunto é compreendido do modo correto, queremos torná-lo mais fácil para nós por meio de palavras]: já que o termo *dialética* costuma ser, de modo geral, adotado como equivalente de *lógica*, decidimos denominar nossa disciplina *dialética erística*.

6. (Deve-se sempre separar nitidamente o objeto de uma disciplina de todos os demais).

substância. Proposições e conclusões são, por si mesmas, mera forma: os conceitos são sua substância[7]. Seu processo é o seguinte:

---

[7]. Os conceitos, porém, podem ser elencados sob certas categorias, tais como gênero e espécie, causa e efeito, característica própria e oposta, posse e falta etc., e para essas categorias valem algumas regras gerais: estas são as *loci*, τόποι (*tópoi*). Por exemplo, um *locus* de causa e efeito é: "A causa da causa é causa do efeito" [Christian Wolff, *Ontologia*, § 928], que, quando aplicado, temos: "A causa da minha felicidade é minha riqueza; assim, aquele que me concedeu a riqueza é também o autor da minha felicidade.". *Loci* de oposição: 1. Eles se excluem: p. ex., reto e curvo; 2) estão no mesmo sujeito: p. ex., se o amor tem seu lugar na vontade (ἐπιθυμητικόν, *epithumetikón*), então o ódio também o tem. Mas, se este o tem no sentimento (θυμοειδές, *thumoeidés*), o mesmo ocorre com o amor. Se a alma não pode ser branca, então também não pode ser negra; 3) se falta o grau mais inferior, também faltará o mais elevado: se uma pessoa não é justa, então também não é benévola. A partir disso, vê-se que *os loci são certas verdades genéricas que atingem categorias de conceitos às quais podemos nos remeter em casos específicos para, a partir delas, criarmos os próprios argumentos, e também invocá-las enquanto geralmente plausíveis*. No entanto, a maioria delas é bastante enganosa e está submetida a muitas exceções. Por exemplo, um *locus*: coisas opostas estão em uma relação de oposição: a virtude é bela, o vício é feio; a amizade é benévola; a inimizade, malévola. No entanto: o desperdício é um vício; a avareza, portanto, uma virtude. Loucos dizem a verdade; assim, os sábios mentem. Não dá certo. A morte é um desaparecimento; a vida, portanto, um surgimento: falso.

Exemplo do caráter enganoso de tais *topi*: Scotus Eriugena, no livro *De praedestinatione*, cap. 3, quer refutar os hereges que admitiam em Deus duas *praedestinationes* (uma dos eleitos para a salvação; outra, dos condenados à salvação) e, para tanto, usa esse *topus* (que só Deus sabe de onde foi tirado): "*Omnium, quae sunt inter se contraria, necesse est eorum causas inter se esse contrarias; unam enim eandemque causam diversa, inter se contraria efficere ratio prohibet.*" [As causas de todas as coisas que são contrárias umas às outras devem ser contrárias umas às outras, pois que uma única e mesma causa tenha como efeito coisas diferentes e contrárias umas das outras é algo que a razão proíbe]. Ora! Mas *experientia docet* [a experiência ensina] que o mesmo calor endurece a argila e amolece a cera, e mais uma centena de coisas do tipo. E, contudo, o *topus* soa plausível. Ele baseia tranquilamente sua demonstração no *topus*, mas esta não nos interessa mais. *Baco de Verulamio* reuniu toda uma coleção de *locis*, com suas refutações, sob o título de *Colores boni et mali*. Eles podem aqui servir de exemplo. Ele as denomina *Sophismata*. Também pode ser considerado um *locus* o argumento pelo qual Sócrates, no *Banquete*, demonstra a Agatão, que atribuíra ao *amor* todas as qualidades excepcionais – beleza, bondade etc. –, o contrário: "Aquilo que alguém busca não o possui: ora, se o amor busca o belo e o bom, ele, portanto, não os possui". Tem algo de plausível pensar que haveria certas verdades genéricas, que poderiam ser aplicadas a tudo, e por meio das quais seria possível decidir todos os casos singulares, ainda que muito distintos, sem examinar mais de perto suas especificidades. (A lei da compensação é um *locus* muito bom.) Mas isso não é possível, justamente porque os conceitos se originam de abstrações de diferenças e, assim, concebem as coisas mais diversas, que tornam a se distinguir quando, por meio dos conceitos, as coisas individuais das espécies mais heterogêneas se juntam umas às outras, decidindo-se apenas segundo os conceitos superiores. É até mesmo da natureza humana, em uma disputa, ao ser pressionado, buscar salvação todo debate possui uma tese ou um problema (esses diferem apenas na forma), e então proposições que devem servir para resolvê-los. Trata-se sempre da relação dos conceitos entre si. Essas relações são, em princípio, quatro. A saber, de um conceito, busca-se: 1) sua definição, ou 2) seu gênero, ou 3) seu caráter particular, sua característica essencial, *proprium*, ἴδιον (*ídion*), ou 4) seu *accidens*; ou seja, qualquer qualidade, independentemente de esta ser particular e exclusiva ou não; enfim, um predicado. O problema de cada debate deve ser reconduzido a uma dessas relações. Esta é a base de toda a dialética. Nos oito livros dessa obra, Aristóteles elenca todas as relações que os conceitos podem ter entre si nesses quatro aspectos, bem como as regras para cada relação possível; por exemplo, como um conceito deveria proceder em relação a outro para ser o seu *proprium*, o seu *accidens*, o seu *genus**, o seu *definitum*, ou sua definição: quais erros são facilmente cometidos na apresentação e o que, portanto, deve ser observado a cada vez que se estabelece (κατασκευάζειν, *kataskeuázein*) uma tal relação, e o que poderia ser feito para liquidá-la (ανασκευάζειν, *anaskeuázein*) depois que outro a tenha estabelecido. A apresentação de cada uma dessas regras ou de cada uma das relações genéricas daquelas classes de conceitos entre si, ele chamará de τόπος (*tópos*), *locus*, apresentando 382 de tais τόποι (*tópoi*): por isso os *Tópicos*. A esses, ele ainda incorpora algumas regras gerais, sobretudo acerca do debate que, contudo, não se esgotam.

O τόπος (*tópos*) não é, portanto, puramente material, não se refere a um objeto ou a um conceito específicos: mas se refere sempre a uma relação entre classes inteiras de conceitos, que pode ser comum a inúmeros conceitos, a partir do momento em que eles sejam considerados um em relação ao outro, e dentro de um dos quatro aspectos mencionados – o que ocorre em qualquer debate.

atrás de algum *topus*. *Loci* são também as *lex parsimoniae naturae* [leis de economia da natureza], e ainda: *natura nihil facit frustra* [a natureza não faz nada inutilmente]. É verdade, todos os provérbios são *loci* com uma tendência prática.

*. Gênero. (N.T.D.M.M.)

Esses quatro aspectos, por sua vez, possuem quatro classes subordinadas. Portanto, a consideração aqui ainda é de certa maneira formal, ainda que não tão puramente formal como na lógica, já que ela não trata do *conteúdo* dos *conceitos*, mas, de uma maneira formal, apontando como o conteúdo do conceito A deveria proceder em relação ao conteúdo do conceito B, de modo que este possa ser apresentado como o *genus* daquele, ou como seu *proprium* (característica), seu *accidens* ou sua definição; ou ainda segundo as rubricas a estes subordinadas, de oposição, ἀντικείμενον (*antikeímenon*), causa e efeito, qualidade e deficiência etc. – e todo debate deve girar em torno de uma tal relação. A maioria das regras que ele indica como τόποι (*tópoi*) sobre essas relações são aquelas que residem na natureza das relações conceituais, das quais cada um é consciente por si só e cujo cumprimento ele exige do oponente por si mesmo, tal como na lógica; tais regras podem ser observadas mais facilmente nos casos particulares, assim como perceber sua negligência é mais fácil do que se lembrar do τόπος (*tópos*) abstrato: por isso a utilidade prática dessa dialética é reduzida. Ela nos diz coisas quase ruidosas, que se entendem por si mesmas e que a razão saudável também consegue examinar por si mesma. Exemplos: "Quando o *genus* de uma coisa é afirmado, então a ela também deve ocorrer alguma *species* desse *genus*; caso esta não exista, então a afirmação é falsa. Por exemplo, afirma-se que a alma teria *movimento*; assim, deve ser próprio dela algum tipo determinado de movimento, voo, marcha, crescimento, diminuição etc. Não havendo isso, ela também não possui movimento. Portanto, a quem não ocorrer *species*, também não ocorrerá o *genus*: este é o τόπος (*tópos*).". Este τόπος (*tópos*) vale tanto para estabelecer quanto para destruir. É o nono τόπος (*tópos*). E o inverso: quando o *genus* não ocorre, também não ocorrem *species*. Por exemplo: alguém (afirma-se) teria falado mal de outrem. Se provarmos que ele sequer falou, então aquilo também não ocorreu: pois, onde não há *genus*, não pode haver *species*.

Sob a rubrica do *particular*, do *proprium*, diz o *locus* 215: "Em primeiro lugar, para destruir: se o oponente indica algo como particularidade que só deve ser percebido por meio dos sentidos, então foi uma indicação ruim, pois tudo o que é sensorial se torna incerto tão logo saia do domínio dos sentidos. Por exemplo, ele coloca como particularidade do *sol* que este seria o astro mais iluminado a passar sobre a Terra – o que não nos ajuda em nada, pois, quando o sol se põe, não sabemos se ele passa por sobre a Terra, porque ele se encontra fora do domínio dos sentidos. Em segundo lugar, para estabelecer proposições: o particular é indicado corretamente se estabelece algo que não é reconhecido sensorialmente ou, no caso de sê-lo, que também exista necessariamente; por exemplo, como particular da *superfície*, indicando que ela, primeiro, é colorida; o que é, pois, uma característica sensorial, mas que, obviamente, está presente o tempo todo, sendo, portanto, correta.". Já basta para oferecer uma noção da dialética de Aristóteles. Parece-me que ela não atingiu seu objetivo: assim, procurei fazê-lo de outra forma. Os *Tópicos* de Cícero imitam de memória os aristotélicos: tão superficiais e pobres. Cícero não possui absolutamente qualquer conceito claro do que seja e do que pretenda um *topus*, misturando *ex ingenio* [de acordo com o próprio julgamento] todo tipo de coisas, e ilustrando-as profusamente com exemplos jurídicos. Um de seus piores escritos.

Para apresentar adequadamente a *dialética*, independentemente da verdade objetiva (que é assunto da lógica), devemos simplesmente contemplá-la como *a arte de ter razão*, o que sem dúvida será mais fácil quando se tiver razão na matéria em si. Mas a dialética como tal deve apenas ensinar como se defender de todo tipo de ataques, especialmente os desonestos, bem como é possível atacar o que o outro afirma sem se contradizer e, principalmente, sem ser refutado. A descoberta da verdade objetiva deve ser nitidamente separada da arte de validar suas proposições como verdadeiras: a primeira é [tarefa] de uma πραγματεία (*pragmateía*) [operação] totalmente diferente, é obra da capacidade de julgar, da reflexão, da experiência, não havendo por isso uma arte própria para ela; a segunda, contudo, é o objetivo da dialética. Nós a definimos como a lógica das aparências – o que é falso. Senão, ela serviria somente para refutar proposições falsas. Porém, mesmo quando se tem razão, a dialética se faz necessária para defendê-la, e é preciso conhecer os estratagemas desonestos para enfrentá-los, e mesmo empregá-los a fim de enfrentar o oponente com as mesmas armas. Eis por que, na dialética, é preciso colocar de lado a verdade objetiva ou considerá-la acidental, e procurar somente defender as próprias afirmações e destruir as alheias. Com essas regras, não devemos considerar a verdade objetiva porque, geralmente, não se sabe onde ela se encontra[8]: muitas vezes não sabemos se nós mesmos temos razão ou não; muitas vezes acreditamos tê-la e nos enganamos; muitas vezes ambas as partes acreditam, pois *veritas est in puteo* (ἐν βυθῷ ἡ ἀλήθεια, *en buthôi he aletheia* [a verdade está no fundo]), Demócrito). Quando surge o conflito, cada um, de modo geral, acredita estar com a verdade; na medida em que este prossegue, ambas as partes ficam na dúvida, e somente no final a verdade deverá ser constituída e determinada. A dialética, portanto, não tem que se envolver com a verdade, tal como o mestre de esgrima não tem que considerar quem tem razão no conflito que gerou o duelo: ataque e defesa – é disso que se trata, tal como na dialética. Ela é uma esgrima intelectual; somente ao ser assim considerada ela poderá ser apresentada como disciplina própria, pois, tendo por finalidade a verdade objetiva pura, retornamos à mera *lógica*; por outro lado, se temos por finalidade o estabelecimento de proposições falsas, isso não passará de mera *sofística*. E, em ambos os casos, pressupõe-se que já soubéssemos o que é objetivamente verdadeiro e falso; no entanto, raramente temos essa certeza de antemão. O verdadeiro conceito de dialética é, pois,

---

8. Com frequência, duas pessoas discutem muito calorosamente e, depois, cada uma volta para a casa com a opinião que era da outra.

o apresentado: a arte de esgrima intelectual com a finalidade de se ter razão em um debate. Ainda que o termo *erística* fosse o adequado, dialética erística o seria ainda mais: *dialectica eristica*. Ele é muito útil, e não há razão para ter sido negligenciado nos últimos tempos.

Nesse sentido, a dialética deve ser apenas uma síntese e uma apresentação – remetidas a um sistema e a regras – das artes sugeridas pela natureza e das quais a maioria dos homens se serve para ter razão quando, em um debate, percebem que a verdade não está do lado deles. Assim, seria inapropriado se, na dialética científica, pretendêssemos levar em conta a verdade objetiva e sua descoberta, uma vez que isso não ocorre com a dialética original e natural; a única finalidade é ter razão. A dialética científica, no sentido que lhe atribuímos, tem por tarefa principal *estabelecer e analisar os estratagemas da desonestidade na disputa*: assim, nos debates reais, eles podem ser imediatamente identificados e anulados. Eis por que a dialética deve, em sua apresentação, ter por finalidade última não a verdade objetiva, mas tão somente o fato de ter razão.

Ignoro se algo já foi feito nesse sentido, embora tenha realizado uma ampla pesquisa[9]: trata-se, pois, de um campo ainda inculto. A fim de atingir nosso objetivo, deveríamos nos basear em nossa própria experiência; observar como esse ou aquele estratagema é empregado por uma ou outra parte no decorrer dos debates que geralmente ocorrem nas relações sociais; a seguir, remeter os estratagemas que são repetidos de diferentes formas à sua estrutura comum, apresentando, assim, certo número de *stratagemata* [estratagemas] gerais que então seriam úteis tanto para uso próprio quanto para frustrar os mesmos, quando empregados pelo oponente.

O que se segue deve ser considerado como uma *primeira tentativa*.

---

9. Segundo Diógenes Laércio, entre os vários escritos sobre retórica de Teofrasto que foram integralmente perdidos, havia um que tinha como título Ἀγωνιστικὸν τῆς περὶ τοῦς ἐριστικοῦς λόγους θεορίας (*Agonistikòn tês perí toûs eristikoûs lógous theorías*) [*Livreto de combate da doutrina dos discursos erísticos*]. Este seria nosso tema.

A base de toda dialética

Antes de qualquer coisa, é preciso considerar *o essencial de todo debate*, o que realmente ocorre nele. O oponente apresentou uma tese (ou nós mesmos, tanto faz). Para refutá-la, há dois modos e dois caminhos.

1. *Os modos*: a) *ad rem*; b) *ad hominem* ou *ex concessis*;* isto é, mostramos que a tese não está de acordo com a natureza das coisas, com a verdade absoluta ou com outras afirmações ou consentimentos do oponente; isto é, com a verdade subjetiva relativa. Este último modo é apenas uma convicção relativa, e não faz a menor diferença no que tange à verdade objetiva.

2. *Os caminhos*: a) refutação direta; b) refutação indireta. – A direta ataca a tese em seus fundamentos; a indireta, em suas consequências: a direta demonstra que a tese não é verdadeira; a indireta, que ela não pode sê-lo.

a. Na refutação *direta*, podemos agir de duas maneiras. Ou demonstramos que os *fundamentos* de nossa afirmação são falsos (*nego majorem, minorem* [refutação da premissa maior ou menor]) – ou admitimos tais fundamentos, mas demonstramos que a afirmação não decorre deles (*nego consequentiam* [refutação da conclusão]); assim, atacamos a *consequência*, a forma da conclusão.

b. Na refutação *indireta*, utilizamos a *apagogia* ou a *instância*.

• *Apagogia*: tomemos uma proposição como verdadeira e demonstramos o que dela decorre [quando], a partir de outra proposição considerada como verdadeira, nós a utilizamos como premissa para uma conclusão que engendra uma conclusão manifestadamente falsa, seja porque ela contradiz a natureza das

---

*. O autor lista dois modos para refutar um argumento: o *ad rem* (em relação à coisa), isto é, refuta-se o próprio argumento; *ad hominem* (contra o homem), isto é, não ataca o objeto do argumento, mas o homem que faz o argumento; *ex concessis* (pelo que foi concedido), isto é, a tese é refutada a partir do que já foi anteriormente aceito pelo proponente da tese. (N.T.D.M.M.)

coisas[10], seja porque contradiz outras declarações do oponente *ad rem* ou *ad hominem* (Sócrates, *Hípias maior* e outros). Logo, a proposição também era falsa, pois de premissas verdadeiras podem resultar proposições falsas, embora premissas falsas nem sempre resultem em proposições falsas.

• A *instância*, ἔνστασις (*énstasis*), *exemplum in contrarium* [contra-exemplo]: refutação da proposição geral por referência direta a casos particulares, compreendidos em suas afirmações, para os quais, contudo, ela não vale. Portanto, a própria proposição geral deve ser falsa.

Eis a estrutura básica, o esqueleto de todo debate: temos, pois, sua osteologia. Afinal, é para ela que se volta, no fundo, qualquer debate. Mas tudo isso pode ocorrer de fato ou apenas aparentemente, com fundamentos legítimos ou ilegítimos; e por não ser fácil descobrir algo a esse respeito, os debates são tão longos e contumazes. Durante as instruções, também não podemos separar o aparente do verdadeiro, uma vez que nem mesmo os próprios debatedores têm certeza de antemão. É por isso que disponibilizo aqui os *estratagemas* sem considerar se se tem objetivamente razão ou não, pois é impossível sabê-lo com certeza, e isso só deverá ser descoberto ao longo da contenda. Aliás, em todo debate ou argumentação em geral, sempre é preciso estar de acordo quanto a alguma coisa, a partir da qual, como um princípio, pretende-se julgar a questão colocada: *contra negantem principia non est disputandum* [não se deve debater com alguém que contesta as proposições iniciais].

---

10. Se contradiz uma verdade absolutamente indubitável, levamos o oponente *ad absurdum**.
    *. A uma contradição, ao absurdo. (N.T.D.M.M.)

ESTRATAGEMAS

ESTRATAGEMA 1

A extensão. Levar a afirmação do oponente para além de seus limites naturais, atribuindo-lhe um sentido o mais geral e amplo possível, e exagerá-la; por outro lado, manter seu sentido e os limites de suas próprias posições o mais restritos possível: porque, quanto mais genérica se torna a afirmação, mais passível de ser atacada. O antídoto consiste na colocação precisa do *puncti* ou *status controversiae* [dos pontos ou da questão principal da controvérsia].

Exemplo 1: Eu disse: "Os ingleses são a primeira nação no que concerne o gênero dramático". O oponente quis arriscar uma *instantia** e retrucou: "É notório que eles não conseguiriam produzir nada na música e, portanto, na ópera também não". Eu o refutei lembrando-o de que "a música não faz parte do gênero *dramático*, este designa somente a tragédia e a comédia". O que meu oponente sabia perfeitamente, tentando apenas generalizar minha afirmação de modo a incluir nela todas as representações teatrais e, portanto, a ópera e a música, a fim de me golpear com toda segurança.

Por outro lado, caso a expressão empregada o permita, podemos defender nossa própria afirmação reduzindo seus limites para além de seu propósito inicial.

Exemplo 2: *A* diz: "A paz de 1814 restituiu a independência até mesmo a todas as cidades hanseáticas alemãs". *B* dá uma *instantia in contrarium**, afirmando que, com essa paz, Danzig perdeu a independência que havia recebido de Bonaparte. *A* se salva assim: "Eu disse todas as cidades hanseáticas alemãs. Danzig era uma cidade hanseática polonesa".

Aristóteles já ensina esse estratagema nos *Tópicos* VIII, 12, 11.

---

*. Um exemplo contrário. (N.T.D.M.M.)

Exemplo 3: Lamarck, em sua *Philosophie zoologique**, rejeita a ideia de que os pólipos possam experimentar sensações, uma vez que são desprovidos de nervos. Ora, mas com certeza eles são dotados de *percepção*: pois se orientam em direção à luz ao se deslocarem, de tentáculo em tentáculo, para alcançar sua presa. Por isso supomos que seu sistema nervoso se estenda de maneira uniforme por todo o seu corpo, como se estivessem fundidos a ele, pois é evidente que eles são dotados de percepção sem que possuam órgãos sensoriais específicos. Como isso refuta a hipótese de Lamarck, ele então argumenta dialeticamente: "Nesse caso, todas as partes do corpo dos pólipos deveriam ser capazes de *todo tipo* de percepção, de movimento e de *pensamento*. O pólipo teria, em cada parte de seu corpo, todos os órgãos do mais perfeito dos animais: cada ponto poderia ver, cheirar, saborear, ouvir etc., e até mesmo pensar, julgar, tirar conclusões; cada partícula de seu corpo seria um animal perfeito, e o pólipo estaria acima do homem, uma vez que cada partícula de seu corpo teria todas as capacidades que o homem só possui em seu todo. Não haveria outro motivo para não se estender o que é afirmado acerca dos pólipos à *mônada*, o mais imperfeito de todos os seres e, por fim, às plantas, que também são seres vivos etc." – Fazendo uso de tais estratagemas dialéticos, um escritor denuncia que, em seu íntimo, sabe que não tem razão. Porque alguém disse: "Todo o seu corpo é sensível à luz, agindo, portanto, como um nervo", Lamarck conclui que todo o corpo pensa.

---

*. Filosofia Zoológica. (N.T.D.M.M.)

ESTRATAGEMA 2

Empregar a *homonímia* para estender a afirmação colocada a respeito de algo que, fora da mesma palavra, pouco ou nada tem a ver com o tema abordado no discurso, e então refutá-lo com toda clareza para, assim, dar a impressão de que se teria refutado a afirmação.

Nota: *synonyma* são duas palavras para o mesmo conceito; *homonyma* são dois conceitos designados pela mesma palavra (cf. Aristóteles, *Tópicos*, I, 13). Profundo, cortante, alto são *homonyma* empregados ora em relação a corpos, ora a sons. Honrado e honesto são *synonyma*.

Esse estratagema pode ser considerado idêntico ao sofisma *ex homonymia*: entretanto, se o sofisma da homonímia é evidente, ele não se iludirá com gravidade.

Omne lumen potest extingui.
Intellectus est lumen.
Intellect potest extingui.

[Toda luz pode ser apagada.
O intelecto é luz.
O intelecto pode ser apagado.]

Aqui, logo se nota a presença de quatro *termos*: *lumen* é empregado no sentido real e figurado. No entanto, em casos sutis, esses conceitos designados pela mesma expressão são similares, justapondo-se.

Exemplo 1:[11]
A: "O Senhor ainda não é iniciado nos mistérios da filosofia kantiana."

---

11. (Os casos propositalmente inventados nunca são suficientemente refinados para serem enganosos; é preciso, portanto, reuni-los a partir da própria experiência real. Seria muito bom se pudéssemos atribuir a cada estratagema um título breve e significativo, por meio do qual, se fosse o caso, o uso desse ou daquele estratagema pudesse ser momentaneamente descartado.)

B: "Ah, mas o mistérios não me interessam nem um pouco."
Exemplo 2:

Condenei como insano o princípio da honra segundo o qual alguém que recebe um insulto passa a ser desonrado, a não ser que se revide com um insulto ainda maior, ou que se lave a honra com sangue, o do oponente ou o próprio; sustentei como fundamento que a verdadeira honra não poderia ser ferida pelo que nos causa sofrimento, mas tão somente por nossa ações; pois qualquer coisa pode acontecer a qualquer um. O oponente atacou diretamente meu fundamento: ele me mostrou de maneira evidente que, quando um comerciante é erroneamente acusado de ser trapaceiro ou desonesto, ou negligente com seus negócios, isso seria um ataque à sua honra, que seria assim ferida apenas por aquilo de que sofre e que ele só poderia engendrar ao punir seu agressor e forçá-lo a se retratar.

Aqui, a homonímia substitui a *honra civil*, igualmente chamada de *bom nome*, cujo insulto ocorre por meio da *calúnia*, do *conceito de honra cavalheiresca*, também chamada de *point d'honneur*, e que é ferida por meio de *insultos*. E como um ataque ao primeiro não pode passar despercebido, mas, antes, tem que ser refutado em público, um ataque ao segundo, com a mesma justificativa, também não deveria ser ignorado, mas defendido com um insulto ainda mais forte e com um duelo. Uma fusão, portanto, de duas coisas essencialmente diferentes pela homonímia da palavra *honra*: e, assim, por meio da homonímia, vem à tona uma *mutatio controversiae* [contestação da controvérsia].

ESTRATAGEMA 3

Tomar uma afirmação[12] apresentada como relativa (κατα τι, *kata ti*), como se fosse genérica, *simpliciter*, ἁπλῶς (*haplôs*), *absoluta*, ou ao menos compreendê-la em um contexto totalmente diferente, e então refutá-la nesse sentido. Eis o exemplo de Aristóteles: o mouro é negro, mas seus dentes são brancos; portanto, ele é negro e branco ao mesmo tempo. Este é um exemplo inventado, que não enganará ninguém. É preciso, pois, que tomemos um da experiência real.

Exemplo 1:

Em um diálogo sobre filosofia, admiti que meu sistema protegia e elogiava os *quietistas*. Logo a seguir, a conversa se desviou para Hegel, e eu afirmei que grande parte do que ele escrevera não fazia sentido ou, ao menos, que havia muitas passagens em que o autor escrevia palavras deixando que o leitor lhes atribuísse um sentido. O oponente não tentou refutar essa afirmação *ad rem*, contentando-se em apresentar o *argumentum ad hominem**, dizendo-me que eu tinha acabado de elogiar os quietistas, e que estes haviam igualmente escrito coisas sem sentido.

O que admiti, mas não sem corrigi-lo quanto ao fato de que eu não elogiei os quietistas como filósofos ou escritores; portanto, não em virtude de suas produções *teóricas*, mas tão somente enquanto seres humanos, por suas ações, sob um aspecto meramente *prático*: no caso de Hegel, contudo, falamos apenas de suas teorias – e assim o ataque foi interrompido.

---

12. *Sophisma a dicto secundum quid ad dictum simpliciter**. Este é o segundo *elenchus sophisticus* de Aristóteles: refutações sofísticas independentemente do tipo de discurso: fala-se abertamente ou não, mas em relação a um modo, ou a um lugar, ou a um determinado tempo, ou a alguma coisa (ἐξω τῆς λέξεως· τὸ ἁπλῶς, ἢ μὴ ἁπλῶς, ἀλλὰ πῆ ἢ ποῦ, ἢ ποτέ, ἢ πρός τι λέγεσθαι, *exo tês léxeos: tò haplôs, hè mè haplôs, allà pê ê pou, è poté, è prós ti légesthaî*). *Refutações sofísticas*, 5.

*. Sofisma "da asserção qualificada para a não qualificada". (N.T.D.M.M.)

*. Vide nota na seção "A base de toda dialética" (p. 44). (N.T.D.M.M.)

Os três primeiros estratagemas são similares: eles têm em comum o fato de que o oponente realmente fala de algo diverso do que fora apresentado; incorreríamos, assim, em uma *ignoratio elenchi* [ignorância da refutação], caso nos deixássemos abater por isso. Pois em todos os exemplos apresentados, aquilo que o oponente dizia era verdadeiro: ele não estava em contradição real com a tese, apenas em contradição aparente – portanto, aquele que é atacado por ele nega a consequência de sua dedução: que, da dedução da verdade de sua proposição, derive a falsidade da nossa. Trata-se, pois, de uma refutação direta de sua refutação *per negationem consequentiae* [por negação da consequência].

Não admitir premissas verdadeiras porque antevemos a consequência. Contra isso, ver a seguir as regras 4 e 5.

ESTRATAGEMA 4

Quando se quer chegar a uma conclusão, não se deve deixar que esta seja antevista pelo oponente, mas fazê-lo admitir, sem perceber, as premissas, uma a uma e de modo disperso; caso contrário, ele tentará todo tipo de ardil. Ou, quando se está em dúvida se o oponente as admitiria, deve-se então estabelecer premissas a essas premissas, fazer pré-silogismos cujas premissas façam com que ele as admita, de modo desordenado e confuso, escondendo assim seu jogo, até que seja admitido tudo aquilo de que se necessita. Que o assunto seja conduzido a distância. São regras fornecidas por Aristóteles nos *Tópicos*, VIII, I.

Exemplos não são necessários.

ESTRATAGEMA 5[13]

Podemos utilizar premissas falsas para provar uma proposição quando o oponente se recusar a admitir argumentos verdadeiros, seja por não reconhecer a sua verdade, seja por ver que nossa tese logo resultaria deles: tomemos então proposições que são em si falsas, e no entanto verdadeiras *ad hominem*, e argumentemos *ex concessis* a partir do modo de pensar do oponente. Pois o verdadeiro também pode resultar de premissas falsas, mas o falso jamais resultará de premissas verdadeiras. É igualmente possível refutar os argumentos falsos do oponente com outros argumentos falsos que ele acredita serem verdadeiros: pois é com ele que estamos lidando, e é preciso então utilizar seu modo de pensar. **Por exemplo:** sendo ele membro de uma seita com a qual não estamos de acordo, podemos utilizar contra ele, como *principia*, as proposições desta seita. Aristóteles, *Tópicos*, VIII, 9.

---

13. Faz parte do anterior.

ESTRATAGEMA 6

Faz-se uma *petitio principii** oculta, postulando o que se pretende comprovar, seja:

1. Utilizando outro nome; por exemplo, em vez de honra, "bom nome"; em vez de virgindade, "virtude" etc., ou também conceitos intercambiáveis: "animais de sangue vermelho", em vez de vertebrados.

2. Ou fazendo com o que é controverso no particular seja concedido no geral. **Por exemplo:** afirmar a incerteza da medicina postulando a incerteza de todo conhecimento humano

3. Quando, vice-versa, duas coisas resultam uma da outra e uma deve ser provada, postula-se a outra.

4. Quando se deve comprovar o geral fazendo com que se admita cada fator individual. (O inverso do nº 2). (Aristóteles, *Tópicos*, VIII, 11).

O último capítulo dos *Tópicos* de Aristóteles contém boas regras sobre o *exercício* da dialética.

---

*. Esta é a presunção de verdade já no início, é a petição de princípio. É uma falácia lógica. Por ela, já se afirma a verdade da conclusão em uma das premissas do argumento. (N.T.D.M.M.)

ESTRATAGEMA 7

Se o debate é conduzido de modo relativamente rigoroso e formal, e houver a intenção de se chegar a um consenso bastante claro, aquele que colocou a afirmação e deve comprová-la, dirigindo *questões* ao seu oponente, com o intuito de demonstrar a verdade da afirmação a partir das concordâncias do outro. Este método erotemático (também chamado de socrático) era particularmente usado pelos antigos: a ele se refere o presente estratagema e alguns outros que se seguirão (todos livremente derivados do capítulo 15 do *Liber de elenchis sophisticis* de Aristóteles*).

Fazer muitas perguntas ao mesmo tempo e de modo muito circunstanciado, a fim de encobrir o que de fato se deseja ver admitido. Em contrapartida, a partir do que foi admitido, apresentar rapidamente sua argumentação: pois os que são lentos de compreensão não podem seguir com precisão o debate, e não se darão conta de eventuais falhas e lacunas na argumentação.

---

*. Aristóteles. "Refutações sofísticas", Livro VI, Capítulo 15, do *Órganon*. (N.T.D.M.M.)

ESTRATAGEMA 8

Provocar a ira do oponente: pois irado ele não está em condições de julgar corretamente nem de perceber sua vantagem. Provocamos sua ira sendo ostensivamente injustos com ele, atormentando-o ou, em geral, sendo insolentes.

ESTRATAGEMA 9

Fazer as perguntas em uma ordem diferente da exigida pela conclusão, deslocando-as: assim, o oponente não saberá aonde queremos chegar e não poderá tomar precauções; também podemos utilizar suas respostas para chegar a conclusões diferentes, e mesmo opostas, dependendo do que for respondido. Este estratagema se relaciona ao quarto: deve-se mascarar seu próprio procedimento.

ESTRATAGEMA 10

Se percebemos que o oponente, de propósito, responde negativamente a questões para as quais necessitamos de uma resposta afirmativa para nossa proposição, então devemos perguntar sobre o oposto da proposição utilizada, como se quiséssemos sua aprovação ou, ao menos, apresentar-lhe ambas para que escolha, de modo que não perceba a qual proposição queremos que ele responda afirmativamente.

ESTRATAGEMA 11

Se fazemos uma indução e o oponente admite os casos particulares pelos quais ela será colocada, não devemos lhe perguntar se ele também admitiria a verdade genérica decorrente desses casos, mas introduzi-la mais tarde como um fato já estabelecido e admitido: pois, por vezes, ele mesmo acreditará tê-la admitido, o que também ocorrerá aos ouvintes, porque eles se lembrarão das inúmeras perguntas sobre os casos particulares, as quais deverão ter nos conduzido ao objetivo.

ESTRATAGEMA 12

Se o tema da conversa for um conceito geral que não tem um nome, mas que, como um tropo, tenha que ser designado por meio de um símile, então devemos logo escolher um símile que seja favorável à nossa afirmação. **Por exemplo:** na Espanha, os nomes que designam os dois partidos políticos, *serviles* e *liberales*, foram escolhidos pelo último.

O termo "protestantes" foi escolhido por estes; também o termo "evangélicos"; já o termo "hereges" foi escolhido pelos católicos.

Isso vale também para os nomes de coisas, e no ponto em que elas são mais originais: por exemplo, se o oponente propôs alguma *modificação*, então ela será chamada de *inovação*, pois essa palavra é abominável. A situação se inverte quando quem faz a proposta somos nós mesmos. No primeiro caso, chamamos a oposição de "ordem vigente"; no segundo, "obseletismo". O que um altruísta e imparcial chamaria de "culto" ou "dogma público" seria designado por um apoiador de "devoção" ou "piedade", e, por um oponente, de "bigotismo", "superstição". No fundo, trata-se de um refinado *petitio principii**: o que queremos demonstrar colocamos de antemão na palavra, na denominação, de onde surgirá de um mero juízo analítico. Aquilo que alguém chama de "assegurar-se de sua pessoa", "colocar sob custódia", seu oponente chamará de "encarcerar". Não raro, um orador denuncia de antemão sua intenção por meio dos nomes que ele atribui às coisas. Um diz "o clero"; o outro diz "os padres". Entre os estratagemas, este é o mais utilizado, instintivamente: fervor religioso = fanatismo. Passo em falso ou galanteria = adultério. Ambiguidades =

---
*. Vide nota no Estratagema 6. (N.T.D.M.M.)

libertinagens. Em situação complicada = bancarrota. Por meio de influência e conexões = por meio de suborno e nepotismo. Reconhecimento sincero = bom pagamento.

ESTRATAGEMA 13

Para que nosso oponente aceite uma proposição, é preciso que lhe ofereçamos a contraproposição e que deixemos que ele faça sua escolha, e acentuar de tal forma essa oposição que ele, para não ser paradoxal, terá que concordar com nossa proposição, que lhe parecerá a mais provável. **Por exemplo:** queremos que ele admita que alguém deve fazer tudo o que seu pai lhe diz, pergunte a ele: "Devemos, em todas as coisas, obedecer ou desobedecer aos pais?". Ou, se a respeito de alguma coisa se diz: "Frequentemente". Perguntamos então se por "frequentemente" devemos entender muitos ou poucos casos. Ele dirá: "muitos". É como colocar o cinza ao lado do preto: isso pode ser chamado de branco; e se colocado ao lado do branco, então pode ser chamado de preto.

ESTRATAGEMA 14

É um golpe infame quando, depois de várias perguntas respondidas pelo oponente, sem que nenhuma resposta tenha sido favorável quanto à conclusão que pretendemos, apresentamos como comprovada aquela que queremos atingir – ainda que ela não resulte de suas respostas – e a ultrapassamos triunfalmente. Se o oponente é tímido ou estúpido, e nós mesmos somos providos de muita petulância e de uma boa voz, o golpe tem boas chances de dar certo. É um estratagema que faz parte da falácia *non causae ut causae* [tratar como prova algo que não é uma prova].

ESTRATAGEMA 15

Se apresentamos uma tese paradoxal, cuja comprovação nos deixa desconfortáveis, podemos então apresentar a nosso oponente, para que ele aceite ou recuse, uma tese correta, mas não absolutamente palpável, como se quiséssemos criar uma comprovação a partir dela. Se ele a recusa por achá-la suspeita, então a conduzimos *ad absurdum** e triunfamos; mas, se ele a aceita, então por ora teremos dito algo de sensato, e só temos de ver o que ainda irá acontecer. Ou adicionamos o estratagema anterior e afirmamos que, com isso, nosso paradoxo está comprovado. Isso exige uma petulância extrema: mas tais casos acontecem, e existem pessoas que fazem isso tudo de modo instintivo.

ESTRATAGEMA 16

Argumentos *ad hominem* ou *ex concessis*. Em uma afirmação do oponente, temos que verificar se esta, de alguma forma, mesmo que só aparentemente, não está em contradição com algo que ele tenha dito ou admitido anteriormente, ou ainda com dogmas de uma escola ou seita que tenha elogiado ou endossado, ou com as ações dos membros dessa seita, ou daqueles que parecem sê-lo, ou com suas próprias ações. Se ele, por exemplo, defende o suicídio, então alguém logo grita: "Por que você não se enforca?". Ou, por exemplo, se ele afirma que é desagradável viver em Berlim, logo lhe retrucam: "Por que você não parte logo na próxima diligência?".

De alguma forma, uma artimanha será revelada.

---

*. Ao absurdo, à contradição. (N.T.D.M.M.)

ESTRATAGEMA 17

Se o oponente nos pressiona com uma contraprova, geralmente é possível nos salvar estabelecendo uma sutil distinção, sobre a qual certamente não havíamos pensado antes, quando o tema permitir algum duplo significado ou um duplo caso.

ESTRATAGEMA 18

Se percebemos que o oponente adotou uma argumentação que nos derrotará, então não devemos permitir que ele a conclua, mas devemos interrompê-lo durante seu debate, distraí-lo ou desviar sua atenção, conduzindo-a para outros temas: em suma, colocar em prática uma *mutatio controversiae* [troca ou mudança do tema controverso]. (Ver Estratagema 29).

ESTRATAGEMA 19

No caso de o oponente exigir expressamente que algo seja apresentado contra um determinado ponto de sua argumentação, e de não termos nada de adequado, então é preciso generalizar o assunto e então atacá-lo. Se devemos dizer por que uma determinada hipótese da física não é digna de confiança, falemos então a respeito da falibilidade do saber humano e o elucidamos exaustivamente.

ESTRATAGEMA 20

Depois de postularmos nossas premissas e de o oponente tê-las aceitado, devemos nos abster de lhe perguntar sobre a conclusão resultante delas, deduzindo-as por conta própria: e mesmo que ainda falte uma premissa ou outra, devemos considerá-la como igualmente admitida e tirarmos a conclusão. Trata-se de uma aplicação da falácia *non causae ut causae* [um engano que ocorre quando admitimos como prova algo que não é uma prova].

ESTRATAGEMA 21

Diante de um argumento superficial ou sofístico do oponente, o qual entrevemos, podemos até desmontá-lo, debatendo seu caráter capcioso e apenas aparente; no entanto, é preferível enfrentá-lo com um contra-argumento igualmente superficial e sofístico e, assim, eliminá-lo. Pois o que está em jogo não é a verdade, mas a vitória. **Por exemplo:** se ele apresenta um argumento *ad hominem*, então basta que o invalidemos com um contra-argumento *ad hominem* (*ex concessis*); em geral, lançar um argumento *ad hominem*, quando este se apresenta, é mais rápido do que discutir por muito tempo a verdadeira natureza do tema.

ESTRATAGEMA 22

Caso o oponente exija que admitamos algo a partir do qual imediatamente se sucederia o ponto problemático do debate, nós nos furtamos a isso, fazendo-o passar por um *petitio principii**, pois ele e os ouvintes irão facilmente considerar uma proposição similar ao problema sendo idêntica a ele: e assim o privamos de seu melhor argumento.

---

*. Vide nota no Estratagema 6. (N.T.D.M.M.)

ESTRATAGEMA 23

A contradição e a disputa incitam o *exagero* da afirmação. Assim, por meio da contradição, podemos incitar o oponente a levar para além da verdade uma afirmação que, em si e dentro de certos limites, provavelmente é verdadeira: e se refutamos esse exagero, é como se tivéssemos refutado também sua proposição original. Por outro lado, é preciso tomar cuidado para, diante de uma contradição, não exagerar ou estender muito nossos argumentos. O oponente quase sempre tentará estender nossa afirmação para além do ponto onde a colocamos: devemos detê-lo imediatamente e reconduzi-lo aos limites de nossa afirmação dizendo: "foi isso o que eu disse, mais nada".

ESTRATAGEMA 24

A elaboração de consequências. Partindo de uma proposição do oponente e fazendo uso de falsas deduções e da distorção de conceitos, forçam-se proposições que não fazem parte daquela nem representam a opinião do oponente, e que, ao contrário, são absurdas ou perigosas: uma vez que isso dá a impressão de que sua proposição deu origem a outras que são incompatíveis entre si ou com verdades reconhecidas, isso vale como uma refutação indireta, uma *apagogia*: é novamente um emprego da falácia *non causae ut causae* [um engano que ocorre quando admitimos como prova algo que não é uma prova].

ESTRATAGEMA 25

Trata-se da *apagogia* por meio de uma instância (*exemplum in contrarium*). A indução (ἐπαγωγή, *epagogé, inductio*) necessita de um grande número de casos para estabelecer sua proposição universal: a apagogia (ἀπαγωγή, *apagogé*) necessita somente de um único caso, ao qual a proposição não se aplica e que será derrubado: um tal caso se chama instância (ἔνστασις, *énstasis, exemplum in contrarium, instantia*). Por exemplo, na frase: "Todos os ruminantes possuem chifres", é refutada pela única instância dos camelos. A instância é um caso do emprego da verdade genérica, algo a ser subsumido sob o conceito principal da mesma, para o qual, no entanto, não vale, o que faz com que seja totalmente derrubada. Equívocos, no entanto, são passíveis de ocorrer. Assim, em instâncias feitas pelo oponente, é preciso atentar para o seguinte: 1. Se o exemplo é realmente verdadeiro; há problemas cuja única solução verdadeira é que o caso não seja verdadeiro: por exemplo, muitos milagres, histórias de espíritos etc.; 2. Se ele realmente faz parte do conceito da verdade estabelecida: muitas vezes, isso é apenas aparente, e pode ser resolvido por meio de uma nítida distinção; 3. Se o exemplo é realmente contraditório em relação à verdade estabelecida: o que muitas vezes também é apenas aparente.

ESTRATAGEMA 26

Um golpe brilhante é o *retorsio argumenti**: quando o argumento que o oponente pretende usar a seu favor é melhor usado contra ele. Por exemplo, se ele diz: "é uma criança, não devemos levá-la muito a mal". *Retorsio*: "Justamente por ser uma criança é que devemos puni-la, assim ela não adquire maus hábitos".

ESTRATAGEMA 27

Se, diante de um argumento, o oponente se enfurece inesperadamente, então devemos insistir com todo o cuidado no mesmo: não apenas porque é bom enfurecê-lo, como também porque é de se presumir que tocamos no ponto fraco de seu raciocínio, e podemos atacá-lo ainda mais nesse ponto do que percebemos de início.

---

*. É o revide, a retaliação, a retorsão do argumento. (N.T.D.M.M.)

ESTRATAGEMA 28

Este pode ser aplicado em especial quando instruídos discutem diante de ouvintes não instruídos. Quando não dispomos de um argumento *ad rem**, muito menos de um *ad hominem*, então fazemos um *ad auditores* [aos ouvintes]; ou seja, uma objeção inválida, cuja invalidez só pode ser percebida por um especialista; o oponente o é, mas não os ouvintes. Aos olhos destes, portanto, especialmente se a objeção de alguma forma colocar a afirmação sob uma luz ridícula. As pessoas sempre estão prontas para rir, e teremos ao nosso lado aqueles que riem. Para demonstrar a nulidade da objeção, o oponente deveria fazer um longo debate e remontar aos princípios da ciência ou algo assim: para tanto, dificilmente ele encontrará ouvintes.

Exemplo: O oponente diz: "Na formação das rochas primitivas, a massa que deu origem à cristalização do granito e as demais rochas restantes, devido às altas temperaturas, tornaram-se fluídas e, portanto, derreteram: o calor devia atingir 250°C; a massa se cristalizou sob a superfície do mar que a encobria. Respondemos com o *argumentum ad auditores* de que, a esta temperatura, e mesmo já muito antes, em torno de 100°C, o mar já teria evaporado, flutuando no ar como vapor. Os ouvintes riem. Para nos golpear, ele teria que demonstrar que o ponto de ebulição não depende apenas do nível de calor, mas igualmente da pressão atmosférica. E esta, tão logo a metade da água do mar evaporasse, aumentaria de tal maneira que não entraria em ebulição nem mesmo a 250°C. Mas ele não chegará a esse ponto, uma vez que, diante de leigos em física, seria necessário um tratado.

---

*. Vide nota na seção "A base de toda dialética" (p. 44). (N.T.D.M.M.)

ESTRATAGEMA 29

Ao notarmos que seremos derrotados, devemos fazer uma *digressão*; ou seja, começamos a falar de algo totalmente diverso, como se isso tivesse a ver com o assunto e fosse um argumento contra o oponente. Isso ocorre com alguma discrição, se a digressão ainda se referir ao *thema quaestionis* [objeto da questão], e de modo impertinente, se diz respeito apenas ao oponente e não tiver absolutamente nada a ver com o assunto.

Por exemplo: Eu elogiava o fato de, na China, não haver nobreza hereditária e os cargos serem distribuídos em consequência de *examina**. Meu oponente afirmou que nem a erudição nem as vantagens do nascimento (as quais ele considerava um pouco) tornavam alguém apto a exercer cargos. Mas as coisas deram errado para ele. Em seguida, ele fez uma digressão, afirmando que, na China, todas as classes são punidas com bastonadas, o que ele vinculou ao fato de que lá se toma muito chá, criticando os chineses pelos dois aspectos. Quem se envolvesse nisso tudo estaria se deixando desviar, deixando escapar das mãos uma vitória já conquistada.

A digressão é impertinente quando abandona por completo o assunto *quaestionis* para levantar uma questão do tipo: "Sim, e como o senhor afirmou há pouco etc.". Pois, aqui, ela de certo modo pertence ao "tornar-se pessoal", do qual falaremos no último estratagema. Trata-se justamente de um nível intermediário entre o argumento *ad personam* e o argumento *ad hominem*.

Este estratagema é, por assim dizer, inato, como demonstra qualquer disputa entre pessoas comuns: pois, quando alguém faz críticas pessoais a outro, este não responde, por exemplo, refutando àquele, mas, antes, dirigindo *críticas* pessoais ao primeiro, deixando-as em suspenso e, por assim dizer,

---

*. Preenchidos por meio de concurso público. (N.T.D.M.M.)

admitindo-as. Ele procede como Cipião, que atacara os cartagineses não na Itália, mas na África. Na guerra, essas digressões podem funcionar às vezes. Na disputa, ela é ruim porque as críticas recebidas perduram, e o ouvinte toma conhecimento do pior dos dois lados. Na disputa, costuma-se usar a *faute de mieux* [na falta de algo melhor].

ESTRATAGEMA 30

O argumento *ad verecundiam* [argumento de autoridade]. Que consiste em, em vez de razões, fazer uso de autoridades apropriadas ao conhecimento do oponente.

Unusquisque mavult credere quam judicare [cada um prefere crer a julgar], diz Sêneca (*De vita beata*, I, 4). É, portanto, mais fácil debater quando se tem ao lado uma autoridade respeitada pelo oponente. Mas, para ele, haverá tantas autoridades válidas quanto mais limitados forem seus conhecimentos e capacidades. Sendo estes de primeira ordem, então haverá para ele pouquíssima, e mesmo quase nenhuma autoridade. Na melhor das hipóteses, ele reconhecerá a autoridade de pessoas especializadas em alguma ciência, arte ou ofício sobre os quais ele saiba pouco ou mesmo absolutamente nada, e mesmo assim com desconfiança. As pessoas comuns, ao contrário, nutrem profundo respeito por especialistas de quaisquer áreas. Elas ignoram que não se segue uma profissão por amor ao assunto, mas pelo que ele rende; e também que aquele que ensina um assunto raramente o conhece a fundo, pois, quem o estuda a fundo raramente tem tempo de sobra para ensiná-lo. Mas somente para o povo (*vulgus*) existem muitas autoridades que são dignas de respeito: se não temos nenhuma que seja adequada, devemos então tomar alguma que o seja apenas aparentemente, e apresentar o que alguém disse em outro sentido ou em outras circunstâncias. Autoridades que o oponente não compreende são, na maioria das vezes, as que causam mais impacto. Os iletrados nutrem algum respeito por frases de retórica gregas e latinas. Se necessário, pode-se também não apenas deturpar as autoridades, como também falsificá-las, ou dizer algumas que tenham sido inventadas por elas próprias. Em geral, o oponente não tem o livro em mãos ou tampouco sabe manuseá-lo. O mais belo exemplo a esse respeito é dado pelo padre francês que, para não ter que, como os demais cidadãos, pavimentar a rua diante de sua casa, lançou mão de uma citação bíblica: *paveant illi, ego non pavebo* [eles que temam, eu não temerei]. O que convenceu os administradores municipais. *Preconceitos gerais* também podem ser utilizados como autoridades. Pois a maioria pensa como Aristóteles: ἅ μεν πολλοῖς δοκεῖ ταῦτά γε εἶναι φαμέν (*há men polloîs dokeî taûta ge eînai famén*) [o que parece justo a muitos, dizemos que o é]. Sim, não há opinião, por mais absurda que seja, da qual os homens não estejam dispostos a se apropriarem, assim que tenham se convencido de que são *universalmente aceitas*. O exemplo afeta seu pensamento e suas ações. São como ovelhas seguindo o carneiro-guia aonde quer que ele vá: é mais fácil morrer do que pensar. É muito estranho que a universalidade de uma opinião tenha tanto peso para eles, uma vez que podem ver em si mesmas até que ponto opiniões são aceitas sem qualquer julgamento e apenas por força do exemplo. Mas isso eles não veem, porque lhes falta autoconhecimento. Apenas os eleitos dizem, como Platão, τοῖς πολλοῖς πολλὰ δοκεῖ (*toîs polloîs pollà dokeî*) [a maioria tem muitas opiniões]; ou seja, o vulgo só pensa em se divertir, e se quiséssemos nos preocupar com isso, teríamos muito a fazer.

A *universalidade de uma opinião*, quando levada a sério, não significa uma prova, tampouco um fundamento provável de sua exatidão. Os que afirmam isso devem considerar que: 1) o distanciamento no *tempo* rouba sua força comprobatória; caso contrário, todos os erros do passado em algum momento seriam considerados universalmente como verdades; por exemplo, o restabelecimento do sistema ptolemaico ou do catolicismo nos países protestantes; 2) a distância no *espaço* produz o mesmo efeito; caso contrário, a universalidade de opinião entre os seguidores do budismo, do cristianismo e do islã os colocará em apuros (cf. BENTHAM, *Tactique des assemblées législatives*, v. II, p. 76).

O que então chamamos de *opinião universal* é, na verdade, a opinião de duas ou três pessoas, do que estaríamos convictos caso conseguíssemos presenciar como surge uma opinião universalmente válida. Então acharíamos que foram duas ou três pessoas que primeiro presumiram, apresentaram ou afirmaram e nas quais alguém teve a gentileza de confiar que elas teriam de fato comprovado minuciosamente tais presunções ou afirmações: o preconceito de que alguns teriam a capacidade adequada fez com que, de início, alguns aceitassem igualmente a opinião; nestes, muitos voltaram a acreditar, aos quais a própria inércia aconselhou ser melhor acreditar logo do que se empenhar em comprovar. E assim, dia após dia, aumenta o número de tais adeptos apáticos e crédulos: pois a opinião já tinha para si um número significativo de vozes, e os que se seguiram atribuíram isso ao fato de que só o conseguiram pela firmeza de seus fundamentos. Os que ainda restaram foram obrigados a aceitar o que já era válido de um modo geral, para não serem considerados mentes intranquilas, que resistem às opiniões universalmente aceitas, ou garotos intrometidos, que se pretendem mais inteligentes que o restante do mundo. A concordância torna-se, agora, um dever. A partir de agora, os poucos que são capazes de julgar calam-se: e aqueles que falam são incapazes de formar opiniões e juízos próprios, sendo o mero eco da opinião alheia e, no entanto, as defendem com tamanho zelo e intolerância. Pois, nas pessoas que pensam diferentes delas, eles não odeiam apenas a opinião diversa da professada por elas, mas, antes, a presunção de querer formular seu próprio julgamento – o que elas mesmas jamais empreendem e do que, secretamente, estão conscientes. Em suma, pouquíssimos conseguem pensar, mas todos querem ter opiniões. O que lhes resta, além de tomar aquelas já totalmente prontas de outras pessoas antes de forjar as suas próprias? Uma vez que é assim, quanto vale a voz de milhões de pessoas? Tanto quanto, por exemplo, um fato histórico que encontramos em cem historiadores, mas que então se comprova que um plagiara o outro, o que significa que, ao final, recorremos à afirmação de uma única pessoa (Cf. BAYLE, *Pensées sur les Comètes*, v. I, p. 10).

Dico ego, tu dicis, sed denique dixit et ille:
Dictaque post toties, nil nisi dicta vides.

[Eu o digo, tu o dizes, mas, ao final, ele também o diz:
depois que o disseram, tudo o que se vê é o que foi dito.]

No entanto, na discussão com pessoas comuns, podemos usar a opinião geral como autoridade.

Percebemos que, em geral, quando duas cabeças comuns discutem entre si, a autoridade é o tipo de arma comumente escolhida por elas: assim, elas se atingem reciprocamente. Se a melhor cabeça tem de lidar com uma semelhante, é aconselhável que use essa arma confortável, escolhida de acordo com os pontos fracos do oponente. Pois, contra a arma dos fundamentos, este é, *ex hypothesi**, um Sigfried de chifres**, imerso no dilúvio da incapacidade de pensar e de julgar.

Diante do tribunal, disputa-se de fato somente com autoridades, a autoridade das leis, que são rígidas: cabe à capacidade de julgar descobrir a lei; ou seja, a autoridade que encontra aplicação no caso dado. A dialética, contudo, possui espaço de atuação suficiente para, quando o caso e uma lei não se adequarem de fato, invertê-los até que sejam considerados adequados um ao outro, e vice-versa.

---

*. Por hipótese. (N.T.D.M.M.)
**. "Siegfried de chifres" era a alcunha do lendário herói germânico, e também o título da primeira parte do drama de F. Hebbel, *Os Nibelungos* (1861), uma das mais conhecidas representações desse mito, ao lado da ópera de Wagner. Assim como o herói grego Aquiles, Siegfried era dotado de uma força descomunal, mas também de um único ponto fraco em seu corpo: o ombro. (N.T.)

ESTRATAGEMA 31

Em uma situação na qual não se saiba o que alegar contra os argumentos apresentados pelo oponente, podemos, por meio de uma sutil ironia, nos declarar incompetentes: "O que o senhor está dizendo vai além de minha frágil capacidade de compreensão: é provável que o senhor esteja absolutamente correto, mas eu não consigo compreender e me abstenho de qualquer juízo". Desse modo, insinuamos aos ouvintes, que nos têm em alta conta, que não passam de desatinos. Foi assim que muitos professores da antiga escola eclética, quando da publicação da *Crítica da razão pura* ou, melhor dizendo, quando esta começou a causar furor, declararam "nós não a compreendemos", acreditando que com isso a teriam liquidado. Mas, logo que alguns adeptos da nova escola lhes mostraram que tinham razão – afinal, realmente não tinham compreendido nada –, ficaram de péssimo humor.

Só devemos recorrer a este estratagema quando estivermos certos de gozar de maior prestígio junto aos ouvintes do que de nosso oponente. **Por exemplo:** um professor contra um aluno. Na verdade, este estratagema faz parte do anterior, consistindo, de maneira especialmente maliciosa, em uma aplicação da *própria autoridade* em vez de razões. O contragolpe é: "O senhor me permite, com tamanha argúcia, deve-lhe ser particularmente fácil compreender tal tema, só podendo ser culpa de minha debilitada exposição", e então lhe esfregar o tema na cara, de modo que ele o compreenda *nolens volens* [querendo ou não], ficando claro que ele, antes, realmente não havia entendido nada. Assim, retorquimos: ele pretendeu nos insinuar "desatinos"; nós lhe provamos sua "incompreensão". Ambos com a máxima cortesia.

ESTRATAGEMA 32

Quando somos confrontados com uma afirmação do oponente, uma maneira rápida de colocá-la de lado ou, ao menos, sob suspeita, é classificá-la sob uma categoria odiada, mesmo que a relação entre ambas seja aparente ou frouxa. **Por exemplo:** "isto é maniqueísmo, ou arianismo, ou pelagianismo, idealismo, espinosismo, panteísmo, brownianismo, naturalismo, ateísmo, racionalismo, espiritualismo, misticismo etc.". Com isso, aceitamos duas coisas: 1) que a afirmação em questão é realmente idêntica à categoria ou, ao menos, está contida nela, de modo que exclamamos: "Oh, já sabemos disso!"; e 2) que essa categoria já foi completamente refutada, não podendo conter qualquer palavra verdadeira.

ESTRATAGEMA 33

"Isto talvez seja correto na teoria; na prática, é falso". Com esse sofisma, admitimos as premissas e negamos as consequências, em contradição com a regra *a ratione ad rationatum valet consequentia* [da razão para sua consequência, a conclusão é convincente]. A afirmação coloca uma impossibilidade: o que é correto na teoria *tem que* valer também na prática. Se não vale, então algo está errado na teoria; algo passou desapercebido e não foi levado em conta; consequentemente, a teoria também é falsa.

ESTRATAGEMA 34

Se, a uma pergunta ou argumento, o oponente não dá uma resposta ou informação direta, mas se esquiva por meio de outra pergunta ou por uma resposta indireta, ou ainda por algo que não tenha nada a ver com o assunto, querendo mudar o rumo do tema, então este é um indício seguro de que (por vezes sem sabê-lo) atingimos um ponto fraco: trata-se de um silenciamento *relativo* de sua parte. Assim, devemos insistir no ponto em que tocamos, e impedir que o oponente o abandone, mesmo quando ainda não vemos no que exatamente consiste a fragilidade que atingimos nele.

ESTRATAGEMA 35

Assim que este estratagema for colocado em prática, tornará todos os outros dispensáveis: em vez de agir sobre o intelecto por meio de fundamentos, devemos agir sobre a vontade pelo intermédio de motivações, e o oponente, assim como os ouvintes, caso tenham o mesmo interesse que aquele, são imediatamente conquistados para nossa opinião, ainda que esta tenha sido emprestada do hospício: pois, em geral, alguns gramas de opinião pesam mais do que 50 quilos de entendimento e convicção. O que, é claro, só ocorre sob circunstâncias particulares.

Se conseguirmos que o oponente sinta que sua opinião, caso fosse válida, implicaria um prejuízo perceptível ao seu interesse, ele se livrará dela tão rapidamente quanto de um ferro quente que ele tivesse agarrado por imprudência. **Por exemplo:** um religioso defende um dogma filosófico: se fizermos com que ele perceba que está indiretamente em contradição com um dogma fundamental de sua igreja, ele o abandonará.

Um proprietário de terras afirma a excelência do maquinário na Inglaterra, onde uma máquina a vapor cumpre o trabalho de várias pessoas: devemos fazê-lo entender que, em breve, também os carros serão puxados por máquinas a vapor e, por conseguinte, o preço dos cavalos de suas inúmeras estrebarias deverá cair bastante, e então veremos. Em casos assim, o sentimento de cada um, via de regra, é: "*quam temere in nosmet legem sancimus iniquam*" [quão apressadamente fazemos uma lei contra nós mesmos!].

Da mesma forma, quando os ouvintes pertencem à mesma seita, ao mesmo grêmio, ofício ou clube que nós – mas não o oponente. Ainda que sua tese esteja correta, tão logo apenas aludimos que ela contraria o interesse comum do grêmio mencionado, todos os ouvintes acharão os argumentos do oponente, mesmo que excelentes, fracos e lamentáveis; em contrapartida, os nossos, mesmo que pegos no ar, serão considerados corretos e apropriados; o coro nos apoiará em alto e bom som, e o oponente abandonará envergonhado o campo de batalha. Sim, de modo geral, os ouvintes acreditarão ter concordado por pura convicção. Pois, na maioria das vezes, o que nos é desvantajoso parece absurdo ao intelecto. *Intellectus luminis sicci non est recipit infusionem a voluntate et affectibus* [O intelecto não é uma luz que arde sem óleo, mas é alimentado pela vontade e pelas paixões]. Este estratagema poderia se chamar "pegar a árvore pela raiz": geralmente ele é chamado de *argumentum ab utili* [argumento da utilidade].

ESTRATAGEMA 36

Atordoar e surpreender o oponente com uma verbosidade sem sentido. O que se baseia no fato de que

[...] os homens, quando estão a ouvir frases de estilo,
Pensam que deve haver o que pensar naquilo.

Goethe, *Fausto I*, 2565-66*

Se ele, em seu íntimo, tem consciência de suas próprias fragilidades, se está habituado a ouvir várias coisas que não compreende, mas fazendo como se as compreendesse; então podemos impressioná-lo ao soltar, com um ar sério, algum desatino que soe erudito ou profundo, privando-lhe da audição, da visão e do pensamento, o que faz dele a prova mais incontestável de sua própria tese. É notório que, nos tempos mais recentes, alguns filósofos empregaram este estratagema com o mais fulgurante dos êxitos, mesmo contra todo o público alemão. Porém, uma vez que se trata de *exempla odiosa***, queremos recorrer a um antigo exemplo de Goldsmith, *Vicar of Wakefield,* capítulo VII.***

---

*. Tradução brasileira de Jenny Klabin Segall. 4. ed. São Paulo: Editora 34, 2010. p. 263. (N.T.)
**. Exemplos odiosos. (N.T.D.M.M.)
***. *O Vigário de Goldsmith* (há edições em português), romance do escritor escocês Oliver Goldsmith (1728-1744). (N.T.D.M.M.)

ESTRATAGEMA 37

(Que deveria ser um dos primeiros). Se o oponente também tem razão quanto ao assunto, mas, para nossa sorte, escolhe um argumento ruim, conseguimos facilmente refutá-lo e, em seguida, fazê-lo passar por uma refutação do assunto em si. No fundo, isso remete ao fato de que fizemos um argumento *ad hominem* passar por um *ad rem*. Caso não ocorra um argumento correto, nem ao oponente nem àqueles que o cercam, seremos os vencedores. **Por exemplo:** se alguém lança o argumento ontológico para provar a existência de Deus, o que é facilmente refutável. Eis como os maus advogados perdem uma boa causa: eles querem justificá-la por meio de uma lei que não se adequa a ela, sendo que a adequada não lhes ocorre.

ÚLTIMO ESTRATAGEMA

Se percebemos que o oponente é superior e não ficaremos com a razão, então devemos nos tornar ofensivos, ultrajantes, rudes. Tornar-se ofensivo consiste em passar do objeto da disputa (que está perdida) para seu sujeito, atacando-o pessoalmente: poderíamos chamar isso de argumento *ad personam**, e diferenciá-lo do argumento *ad hominem*: este se afasta do objeto puro para se ater ao que o oponente disse ou admitiu a seu respeito. Quando nos tornamos ofensivos, abandonamos por completo o objeto, e direcionamos o ataque para a pessoa do oponente; assim, tornamo-nos insolentes, maliciosos, ultrajantes, rudes. É um apelo das forças intelectuais às do corpo ou à animalidade.

Esta regra é muito apreciada, uma vez que qualquer um é capaz de executá-la, fazendo com que seja empregada com muita frequência. Mas agora vale perguntar qual regra contrária será válida para a outra parte. Pois, caso se pretenda usar a mesma regra, teremos uma briga, um duelo ou um processo por injúria.

Seria um grande erro pensar que bastaria não nos tornarmos ofensivos. Pois, ao mostrarmos muito calmamente a alguém que ele está errado e, portanto, ele julga e pensa de forma equivocada, o que ocorre em todo triunfo dialético, nós o exasperamos mais do que por meio de uma expressão grosseira e ofensiva. Por quê? Porque, como afirma Hobbes em *De Cive***, cap. I: *Omnis animi voluptas, omnisque alacritas in eo sita est, quod quis habeat, quibuscum conferens se, possit magnifice sentire de seipso* [Toda alegria profunda e serenidade consistem em ter alguém com quem, ao nos compararmos, sentimos grande estima por nós mesmos.]. Para o homem, nada importa mais do que a satisfação de sua vaidade, e nenhuma ferida é mais dolorosa do que aquela

---

*. Argumento contra a pessoa. (N.T.D.M.M.)
**. *Do Cidadão*. Obra publicada pela Edipro (2016). (N.E.)

que a atinge. (Provêm daí ditados como "a honra vale mais do que a vida" etc.). Tal satisfação da vaidade surge sobretudo da comparação de si mesmo com os outros sob todos os aspectos, mas sobretudo no que tange às capacidades intelectuais. Isso ocorre de forma efetiva (*effective*) e com muito vigor durante os debates. Por isso a exasperação do vencido, sem que lhe ocorra qualquer injustiça, e por isso seu recurso a um último instrumento, este estratagema: do qual não podemos escapar por uma simples cortesia de nossa parte. Porém, ter muito sangue frio pode ajudar muito aqui se, assim que o oponente se tornar ofensivo, respondermos com toda calma que aquilo nada tem a ver com o assunto, e logo o retomarmos e continuarmos a demonstrar a ele sua falta de razão, sem atentarmos para suas ofensas, assim como Temístocles diz a Eurípedes: πάταξον μέν, ἄκουσον δέ (*pátaxon mén ákouson dé*) [Surre-me, mas me ouça]. Mas esse tipo de comportamento não atinge a todos.

Nesse sentido, a única regra contrária segura é aquela que Aristóteles já apresenta no último capítulo dos *Tópicos*: não disputar com o primeiro, com o melhor; mas somente com aqueles que conhecemos, e dos quais sabemos ter entendimento suficiente para não apresentarem coisas muito absurdas e assim serem humilhados; e para debater com fundamentos e não com decisões autoritárias, para ouvir os fundamentos e aceitá-los; e, finalmente, que considerem a verdade, gostem de ouvir bons fundamentos, também quando ditos pelo oponente, e ser suficientemente justos para suportar não ter razão quando a verdade estiver do outro lado. Consequentemente, de cem pessoas, haverá uma ou duas com quem vale a pena disputar. As restantes, que falem o que bem entenderem, pois *desipere est juris gentium* [soar incompreensível é um direito internacional], e devemos nos lembrar do que diz Voltaire: "*la paix vaut encore mieux que la vérité*" [a paz ainda é melhor do que a verdade]. E diz um ditado árabe: "Da árvore do silêncio pendem os frutos da paz".

O debate, enquanto conflito entre cabeças é, sem dúvida, de mútuo proveito, seja para a correção dos próprios pensamentos, ou ainda para a criação de novos pontos de vista. Mas é preciso que ambos os oponentes tenham relativamente o mesmo grau de erudição e inteligência. Se a primeira falta a um deles, este não compreenderá tudo, não estará no mesmo nível de seu oponente (*au niveau*). Se é a segunda que lhe falta, a consequente irritação o levará a desonestidades, a artifícios e [ou] a grosserias.

Entre a disputa *in colloquio privato sive familiari* e a *disputatio sollemnis publica, pro gradu* [conversa privada ou familiar e debate solene público, para obtenção de um diploma universitário] não há diferença significativa. Talvez apenas o fato de que, na última, exige-se que o *respondens** tenha sempre razão em relação ao *opponens*** e, por isso, se necessário, o *praeses**** vem em seu socorro; ou ainda que, na última, argumente-se de modo mais formal, sendo os argumentos, de bom grado, recobertos de uma rigorosa conclusão.

---

*. Respondente, neste caso o mestrando ou doutorando. (N.T.D.M.M.)
**. O oponente, neste caso o(s) avaliador(es), componente(s) da banca de avaliação. (N.T.D.M.M.)
***. O presidente da banca de avaliação. (N.T.D.M.M.)

FRAGMENTOS

*Supõe-se que esta parte, que permaneceu fragmentária,
tenha sido pensada como introdução.*

I.[14]

Lógica e *dialética* já foram empregadas como sinônimas pelos antigos, ainda que λογίξεσθαι (*logíxesthai*), ponderar, refletir, calcular e διαλέγεσθαι (*dialégesthai*), conversar, sejam coisas bem diferentes. Foi Platão quem primeiro empregou a palavra dialética (διαλεκτική, διαλεκτική πραγματεία, *dialektiké, dialektiké pragmateía* [operação dialética]), διαλεκτικός ἀνήρ (*dialektikôs anér*) [homem dialético] (como relata Diógenes Laércio), e descobrimos que no *Fedro*, no *Sofista*, e no sétimo livro da *República*,* ele entende por esta o emprego correto da razão e o seu exercício. Aristóteles emprega τὰ διαλεκτικά (*tà dialektiká*) no mesmo sentido: no entanto (de acordo com Laurentius Valla), ele o teria empregado primeiro em relação à λογική (*logiké*). Em seus escritos, encontramos λογικάς δυσχερείας (*logikás dyskhereías*), ou seja, *argutias* [dificuldades lógicas], πρόστασιν λογικήν (*próstasin logikén*) [premissa lógica], ἀπορίαν λογικήν (*aporían logikén*) [aporia lógica]. Διαλεκτικη (*dialektike*), portanto, seria mais antigo que λογικη (*logike*). Cícero e Quintiliano empregam *dialectica* [e] *logica* no mesmo sentido. Cícero, no *Lucullo*: *Dialecticam inventam esse, veri et falsi quasi disceptatricem* [A dialética foi inventada, por assim dizer, como a que decide entre o verdadeiro e o falso]. Em *Tópica II*: *Stoici enim judicandi vias diligenter persecuti sunt, ea scientia, quam Dialecticen appellant* [Os estoicos perseguiram com desvelo os métodos do juízo fazendo uso daquela ciência a que chamam de dialética]. Quintiliano: *itaque haec pars dialecticae, sive illam disputatricem dicere malimus* [de onde vem essa parte da dialética ou, como preferimos dizer, arte de decidir]: a última, portanto, parece-lhe como o equivalente la-

---

14. Este é o verdadeiro início da dialética.

*. Obras publicadas em *Clássicos Edipro*: *Fedro* (2012); *Sofista*, presente em *Diálogos I* (2007); e *A República* (2014). (N.E.)

tino de διαλεκτική (*dialektiké*) (tudo isso segundo *Petri Rami dialectica, Audomari Talaei praelectionibus illustrata*, 1569). Esse uso dos termos "lógica" e "dialética" como sinônimas manteve-se ainda na Idade Média e até os dias de hoje, na Idade Moderna. Na Idade Moderna, contudo, especialmente em Kant, o termo "dialética" foi usado com mais frequência em sentido pejorativo, como "arte sofística de disputar", o que explica a preferência pela "lógica", menos comprometedora. No entanto, ambas significam, por natureza, a mesma coisa e, nos últimos anos, voltaram a ser consideradas sinônimas.

II.

É lamentável que "dialética" e "lógica" sejam empregadas como sinônimas desde a Antiguidade, e, por isso, não tenho tanta liberdade para separar seu significado como eu de fato gostaria, e *definir* "lógica" (de λογίσζεσθαι [*logíszesthai*], ponderar, refletir, calcular; de λόγος [*lógos*], palavra e razão, que são inseparáveis) como a "ciência das leis do pensamento", isto é, do modo de proceder da razão", e a *dialética* (de διαλέγεσθαι [*dialégesthai*], conversar: toda conversa, contudo, comunica fatos ou opiniões; ou seja, ou é histórica, ou deliberativa), "a arte de debater" (essa palavra em sentido moderno). É, pois, evidente que a lógica possui um objeto puramente *a priori*, que pode ser determinado sem interferência empírica, isto é, as leis do pensamento, o procedimento da *razão* (do λόγος, *lógos*), que esta segue quando entregue a si mesma, inabalada; portanto, no pensamento solitário de um ser racional, o qual nada induz ao erro. A *dialética*, por outro lado, trataria da comunhão de *dois* seres racionais que, por conseguinte, pensam juntos, gerando uma disputa, uma batalha intelectual, uma vez que ambos não podem concordar tal qual dois relógios sincronizados. Enquanto *razão pura*, ambos os indivíduos deveriam estar de acordo. Suas divergências surgem da diversidade que é própria da individualidade, sendo, portanto, um *elemento empírico*. *Lógica*, ciência do pensamento; isto é, do procedimento da razão pura, poderia, portanto, ser constituída *a priori*; já a *dialética*, em grande parte, somente *a posteriori*, a partir do conhecimento empírico das perturbações sofridas pelo pensamento puro, pela diversidade da individualidade, no momento em que dois seres racionais pensam juntos, e pelos meios mutuamente empregados pelos indivíduos para tornarem válidos seus pensamentos individuais como puros e objetivos. Pois faz parte da natureza humana que, no pensamento comum, διαλέγεσθαι (*dialégesthai*), ou seja, na comunicação de opiniões (com exceção de discursos históricos), quando *A* percebe que o pensamento de *B* acerca do mesmo objeto diverge do seu, o que ele faz primeiro não é examinar seu próprio pensamento a fim de encontrar o erro, mas presumi-lo no pensamento do outro; ou seja, o homem é, por natureza, um *teimoso*; e o que ele consegue com essa característica é aquilo que ensina a disciplina que eu gostaria de denominar *dialética*. No entanto, para evitar mal-entendidos, pretendo chamá-la de "dialética erística". Ela seria, portanto, a doutrina do modo de proceder da teimosia natural ao homem.

Este livro foi impresso pela Gráfica Plena Print
nas fontes Minion Pro e Times New Roman sobre papel Ivory Bulk 65 g/m²
para a Edipro no outono de 2025.